找回愛與不愛的底氣

國民閨密 *Megan*
教你打造吸引寶藏男體質，
渣男慢走不送！

Megan
以暄——著

目錄

CONTENS

作者序　一本寫給女生的感情學習書　007
前言　成為情場常勝軍，拿回戀愛自主權　011

PART 1　「擁有愛情自主權的女子」圖鑑

我就是自己的最佳夥伴：享受與自己同行　020
我的原則我守住：愛你但不失去自己　023
我不是非你不可：自信就無所畏懼　026
你不是我的菜！面對誘惑勇敢說「不」　029
你若無情，我便離開：設定底線停損　031
★小測驗：你是擁有愛情自主權的女生嗎？　033

PART 2　成為男人無法抗拒的女人四大神器

江湖在走顏值要有！回頭率百分百的感官魅力　037
剛柔並濟，善用女力　040
讀懂男人心，成為他的「閨密」　049
高級的讚美，打開他的心房　053

PART 3

女生常見的八大感情困擾

得失心作祟，提不起也放不下 061
總是句點對方，錯失機會 069
頤指氣使，把工作模式帶入愛情 078
自身缺愛，習慣討愛 081
習慣性自我批判，自信低落 084
內心住著心魔，缺乏安全感 089
母愛氾濫，自以為能拯救對方 097
動不動就「暈船」，腦補戀愛小劇場 100
★你的暈船症狀量表 105

PART 4

一眼辨識「寶藏男」，遠離「NG男」

你可以鎖定目標的七大「寶藏男」 108
嗶嗶，快逃！秒識五大「NG男」 117
★「寶藏男」評分量表 121

PART 5
交友軟體「挖寶」攻略
尋找真愛要靠平常心 125
自然美照勝過失真照「騙」 133
一「滑」識人，避免踩雷 135
自我介紹有亮點，讓人更想認識你 140
從線上交友到初次順利約會 143
★心理測驗：你在交友軟體上是哪種人？ 146

PART 6
戀情神助攻！越相處越相愛
引導感情朝理想方向發展 153
甜言蜜語人人愛 157
一句「謝謝」讓關係升溫 159
用心了解，深得他心 162
退一步關係更進步 164

後記
「談」情「說」愛的旅程，祝你幸福！ 167

作者序

一本寫給女生的感情學習書

嗨，大家好我是Megan，如果你不認識我，想和你簡單自我介紹。我在二十一歲時上傳了第一部YouTube影片，因為曾經在頻道上分享大學時在星巴克的打工經驗，成為大家口中的YouTuber，也有人稱我為「星巴克女孩」。我的YT頻道內容包括：美妝、生活、旅行等，分享許多生活樂趣與品味，如：買了什麼東西、去哪裡玩……累積超過千萬點閱率，若能讓手機或電腦前的你們，心情因此而美麗或得到些許療癒和幫助，對我來說就非常值得也樂在其中。九年後我還是持續在這條路上耕耘著，能夠在社群平台發揮自己些微的影響力，我感到無比開心。

在經營自媒體的路上，有幸累積了許多骨灰級「梅粉」，其中不乏粉絲從高中一路看到大學畢業、從畢業到出社會，我總是和新認識的朋友開玩笑說，我的粉絲都把我當《康熙來了》看著長大（笑）！這幾年分享了上百部有關美妝保養的影片及內容，發現許多女生其實外表已經很漂亮了，卻還是缺乏自信，甚至因此在感情中不斷受挫，而我也曾在感情中被重傷，一度以為自己沒辦法再滿血復活走出來，加上經歷很多人生的震撼教育，我花了非常多時間自我療癒和自省，那種對自己和別人的失望、沮喪，甚至痛苦到想撞牆的衝動，只有經歷過的人才會懂。

但即便如此，我依然沒有對戀愛失去信心，也不會自怨自艾地認為自己很糟糕或是自我價值低落而一蹶不振，相反的，在長時間的探索自我，並了解兩性思維後，現在的我越來越自由，也越來越開心自在，終於成為最理想的自己！我常想：要如何讓女孩們發自內心打從心底欣賞自己？要如何給予她們面對困境的勇氣？所以我漸漸也開始分享許多關於內在成長、自信養成、兩性相處……等等的戀愛大小事。此外，也同時在社群或是一對一顧問諮詢中，幫助許多女生度過生活或情感難關，希望藉由我人生經驗及歷程的分享與交流，讓你避免再踏上我曾走過的冤枉路，或者，你會因此發現更多選擇，找到自己想走的路。也希望藉此提升女生的自我價值感，建立堅不可破的自信，不論是在職場或情場都能更加如魚得水。

這是一本給你愛與力量的書，希望大家可以從我的戀愛經歷中學習到對自己有幫助的戀愛思維或小技巧，從內而外找回面對愛情的勇氣並散發自信與美麗。

前言

成為情場常勝軍，拿回戀愛自主權

以前我自以為是個務實理性、不浪漫的人，如果有男生要送我花，我寧願他給我錢，覺得買花根本浪費錢，年歲漸長後才發現，浪漫其實一直隱藏在我這個天生臭臉的DNA中，一段長長久久又相知相惜的美好關係，是我一直嚮往的。

小時候聽的童話故事總讓我們以為愛情就是充滿粉紅泡泡，白雪公主吃了毒蘋果以後陷入沉睡，莫名其妙就出現一位白馬王子給她一個吻，白雪公主甦醒後就和王子過著幸福快樂的生活……

童話故事跟偶像劇總讓我們誤以為愛情就是永恆，就是一吻定情這麼簡單的事，卻從來沒有人告訴我們白雪公主睡了幾百年後有沒有口臭？有沒有睡到腰痠背痛？有沒有成為高齡產婦？這些都是沒有經歷過就不會思考的現實，但畢竟我們不是白雪公主，在「從此過著幸福快樂的生活」以前，其實還有很多事要知道。

歡迎收看我的戀愛實境秀

從小家裡管得非常嚴，但是我從十六歲開始就偷偷談戀愛，戀愛學分修了超過十四年，人生有很多必修課，愛情當然也是大部分人一生中的必修學分，我可以很自信的說，我在這門課上的確累積了不少經驗值。

常和身邊的朋友聊天，或是看網路上大家的感情問題，我發現自己的感情問題和一般人比較不一樣，我的戀愛問題是，我很少喜歡上一個人，但是當我真的喜歡上，就不會輕易放棄！這樣的特質用在大部分事物上都是加分的，唯獨感情上不一定是。

常看到有些女生被男生糟糕的對待、遇到男生突然從兩人關係登出人間蒸發或是不願意給出承諾等問題，但是我遇到的男生總是對我百依百順，我比較苦惱的反而是「我究竟要不要繼續和他發展？」後來發現，也許是我「做對了什麼」，才讓我在談感情時擁有選擇權。

自從我的 Instagram「解憂雜貨店」頻道開張後，收到來自粉絲們數以百計的戀愛問題，進而從中歸納出現在女生常見的感情困擾，於是我更深入去釐清，哪些是我曾遭遇的問題？哪些是我從來沒有的問題？或是哪些問題的背後其實存在更深層的課題需要處理？

不過，我終究還是因為過往感情太順利，一時太傻太天真遇上渣男不自知而體驗了洗三溫暖般的感情冷暖——面對對方忽冷忽熱的言行舉止，那種內心的焦慮不安，真是無比煎熬，即使這些男生最後都還是回來找我，但我愛自己遠勝於愛他們，打從內心認為自己值得更好的男生，所以對於這些不懂珍惜的男生，我肯定是果斷放生！

舉凡「他愛我、我不愛他」「我愛他、他不愛我」「我愛他、他也愛我」三種課題我都遇過。經歷了無數次交友軟體從配對到約會，或是親友介紹、路上被搭訕等等經驗，我深深了解，談戀愛單單只有愛，有勇無謀是不夠的，但若沒有愛，也肯定是行不通的。

每個人的愛情價值觀會根據各自不同的成長背景、人生歷練、自我價值認同、創傷記憶等等天差地別，在我閱歷了眾多觀點，對於感情各個面向的認知也更寬廣，並且長期進修戀愛學分之後，終於歸納出我認為適合現代女性約會時的心態及行為。本書沒有正確與否，也絕對無法滿足所有人，只是分享適合我目前人生階段的戀愛方式。

一段高品質的戀愛關係，在現代社會已經堪稱奢侈品，可遇不可求，如果談戀愛時還執著於「正確方式」會非常辛苦，所以**談戀愛並不是在追求「正確」，而是要讓兩個人擁有比自己一個人時更加分的人生**。

給所有需要被狠狠被敲醒的女生

這十幾年期間，我曾和各種不同背景的男生相處過，例如上班族、高知識份子、創業家、企業家、富二三代、醫生、律師、工程師、建築師等等，因為曾經和這麼多以世俗標準來說非常優秀的男生約會、戀愛，所以非常了解這些站在金字塔上層男生的想法，有時是多麼現實甚至「政治不正確」，例如，一位金髮碧眼的創業男告訴我，他會傾向和三十歲以下的女生約會，因為他是想要小孩的人，雖然現在醫學發達，年紀大一點的女性也可以生育，但他還是比較希望和還在適合生育年紀的女生交往。

類似的論調，也有高薪的金融業務男告訴我，他認為結婚前至少要相處一至兩年才知道彼此到底適不適合，萬一他和三十二歲以上的女生交往，交往一兩年後發現彼此不合適，到時候女生已經是三十四歲高齡產婦了，對女生不利。諸如此類的言論，我聽過不只一次。

我發現這些話男生平時不一定會主動表達，但如果有人願意不帶批判的去傾聽他們內心真實的聲音，很多觀點真的是在我不了解男性前，可能一輩子也不會想到的。許多女生常常看各式各樣的「心靈雞湯」，誤以為只要有愛，所有問題都可以迎刃而解，但是事實上當你與男性交流時，他們在談戀愛時所思考的，聽起來也許很現實，卻有它存在的道理，所以了解男生的思維邏輯真的非常重要。

這本書將與你分享現代男女的戀愛實戰經驗，有內在思維的養成，也有經營感情的技能，不只適用在談戀愛上，也是任何一個高情商、充滿魅力的人，在任何場合自然流露的習慣。

我想寫一本不愛看書的人也看得下去的書，所以這本書會以客觀直白的方式點出現代女性常遇到的感情問題。**網路上充斥太多不知道究竟是「心靈雞湯」還是「毒雞湯」的勸世文，讓很多人對愛情產生錯誤期待，跌跌撞撞之後才頓悟完美的愛情童話根本不存在！**才驚覺現實總是殘酷的，這本書就是要送給所有需要被狠狠敲醒的女生，因為你我都曾有過需要有人狠狠敲醒我們的時候！

Part. 1

「擁有愛情自主權的女子」圖鑑

「擁有愛情自主權的女生」有哪些樣貌？

我只能說，這樣的女生是生活中各種挑戰的征服者。她們展現了堅韌的毅力、智慧和勇氣，在面對困難時保持冷靜和自信。她們擁有強大的意志和決心。透過努力追夢和智慧抉擇，不斷攀登人生高峰。即使面臨人生中的各種挑戰和壓力，也能一一克服，獲得相應的成就和認可。

此外，她們在人際關係中也展現出擁有自主權的特質。她們可能在家庭、職場和社會中都扮演著重要角色，並且維持工作與生活各個層面的平衡。她們認真生活的方式和散發出的光芒激勵著周圍的人們，成為他人重要的支持力量和榜樣。

「擁有愛情自主權的女生」總是從內而外散發出自信及魅力，她知道自己與生俱來的優勢，無論男生或女生都欣賞；她理性思考，同時也能秉持同理心善待他人；她情緒穩定，為自己的言行舉止負責，不被情緒主導，做出對自己最好的選擇，哪怕會讓自己難過，也有自信化解排除負能量；她擁有足以照顧自己的能力，但男生還是不由自主地被吸引，渴望成為她美好生活的一部分。

希望能藉由這本書，鼓勵大家成為「擁有愛情自主權的女生」，每個人心目中對於最美好的自己都有不同的人設，但以上這些樣貌，都是共通的態度，只要擁有這樣的心態並確實實踐，你我都可以成為不隨波逐流、能掌握自己愛情的女生。以下就一一描繪擁有愛情自主權的女子有哪些樣貌。

我就是自己的最佳夥伴：享受與自己同行

在找到健康的感情關係之前，必須先學會自在地與自己相處，有太多人因為孤單寂寞覺得冷，而將就一段可有可無的關係中。學會與自己相處就等於學會一段關係的本質，甚至可以延伸套用在不同場合和模式，從家庭、親子、婚姻到友誼或職場皆適用。

以前我是個原則踩很死的人，總是堅持事情要有「正確答案」非黑即白，非對即錯，後來發現，人生根本沒有正確答案，你認為的正確，在別人眼裡很可能是主觀的盲目甚至是愚蠢的，**與其不斷追求一個正確的人生，不如活出自己喜歡的樣子**，若總是追求「正確答案」，就難免會在過程中缺乏同理心及彈性，做人做事都會變得一板一眼、有菱有角、充滿框架而因此處處受限，這對自己或他人都不是一個舒服自在的狀態，反而活得非常拘束辛苦，連帶周遭的人也跟著壓力山大。

改變這種一翻兩瞪眼的執著，關鍵在於更深層的自我覺察。我時常花時間進行自我反思，問自己以下這些重要的問題：

- 我在哪些方面可以表現得更好？
- 面對挑戰時，我如何應對？有沒有更好的方法？
- 我是不是已經盡力克服這些問題了？如果不是，我還能怎麼做？

以上這些問題幫助我逐步認識自己的思維模式和行為習慣，並且找到改進的方法。漸漸地，我也能開始接受自己的不完美，並且學會在關係中給予自己和他人更多包容和理解，心態的轉變讓我在各種關係中都受益匪淺。與自己相處得越好，越能心平氣和、泰然自若的面對他人，這種內在的平衡也讓我更加自信，在處理人際關係時游刃有餘。

當我願意放鬆一點、多一點彈性並傾聽及溝通，尊重世界上一定有人與自己不同時，神奇的事情發生了！這樣的鬆弛感開始滲透到我所有的人際關係當中，我不再總是堅持己見，總是想與別人一較高下拚得死去活來，只為了證明自己不是個笨蛋，或是想證明自己是個聰明人，因為後來發現，偶爾當個傻瓜其實也沒有不好，保持平常心不再爭論誰對誰錯，看待人事物的心態越來越客觀，也因此越來越欣賞這樣進可攻退可守、有彈性又有力量的自己，進而與身邊的人都能創造出更良善而緊密的關係。

在工作中，我不再堅持每個細節都要完全按照計畫進行，學會放過自己，不用處處都追求完美，反而讓我的創造力大大提升，也能夠包容別人犯錯，用同理心去與工作夥伴相處。在家庭中，我不再對家人的一言一行都做出嚴厲批判，而是給予彼此更多空間和體諒，不是所有人都應該照我的方式去生活才是王道，我必須允許別人用各自的觀點生活。在感情生活中，我不再企圖改變對方或要求對方完全符合自己的標準，而是學會包容和理解，這也讓我的親密關係更加穩定和幸福。

學會保持彈性的與自己或他人相處，並不意味放棄原則，而是學習在堅持自我和接受他人之間找到平衡點，如此一來，不僅過得更快樂，在人際關係中也能良性循環發揮更大的影響力和感染力。

我的原則我守住：愛你但不失去自己

「擁有愛情自主權的女生」對自己、對他人、對世界都有著獨立清晰的評價系統，深信自己的決策力和判斷力，不會因為他人的三言兩語就被動搖。因為她對自己有深入的了解，知道自己喜歡什麼、不喜歡什麼、擅長什麼、不擅長什麼、想要什麼、不想要什麼。她不會被社會的期待給迷惑，而是踏踏實實地走出屬於自己的路，沒有人可以主導她的人生，所以，**既要堅守原則，必要時也需保留彈性，替自己或別人預留空間，而非一味迎合。**因為這些原則是多年來在各種經歷中逐漸建立起來的，所以在生活中扮演著重要的角色。

「擁有愛情自主權的女生」清楚地知道自己的價值所在，會花時間自我反思，了解自己的強項和弱項，並且積極地尋求成長的機會。她不會輕易被外界的眼光影響，因為她自有一套標準。她會設立目標為之努力，而不是隨波逐流。她相信自己的能力，知道自己能夠應付各種挑戰，並且越挫越勇。

Ruby因為感情受挫來預約我的一對一戀愛諮詢，實際訪談後發現，理性上她其實知道當時令她困擾的男生並沒有那麼好，但是感性上卻抽離不了，原因在於，她把自我價值評價系統帶入這段關係當中，以至於當這段感情沒有順利發展時，連帶令她非常受挫。

經過我們兩個月來固定每週一次的自我探索及深層對話後，她慢慢釐清自己的價值跟這段感情成敗並沒有任何關係，反而是當她把生活重心轉移到自己身上，積極扭轉自己的負面信念、與他人建立健康界線、發自內心肯定自己、建立良好生活習慣等等之後，她的自信心大幅提升！經過一次次的對話後，我發現Ruby心境越來越開朗，笑容也越來越頻繁，甚至感染了我。

我問她如何在短短兩個月中有這麼大的改變？她說：「我覺得我終於不用被別人的眼光綁架了，以前的我總是很在意別人怎麼看待我，但現在對我而言，別人的想法干我何事，我真正需要先照顧好的人是自己，所以我只要先專注在自己的想法就好。」多麼簡單但充滿力量的一段話，**把自己放在第一位不代表自私，而是知**

道必須要先成為賦予自己力量的人，才有辦法關照別人。

「擁有愛情自主權的女生」對世界有著自己獨特的見解和看法，不會盲目接受他人的想法，而是透過獨立的思考來形成自己的觀點。她尊重多元意見，但不會輕易改變立場，既能堅持自己的信念，又能包容和理解他人想法。

此外，在與他人交往時，能夠保持獨立的評價系統，會根據自己的標準來判斷一個人的價值，而不是被外界的標籤所迷惑。她知道如何分辨真誠和虛偽，並且保持理智和冷靜，不會輕易被甜言蜜語蒙蔽，而是透過觀察和體驗了解一個人的真實面貌。她會選擇真正值得交往的人，而不是隨便應付或討好任何人。她清楚並守住自己在各方面的底線，這些原則讓她在面對誘惑和挑戰時保持清醒，不輕易被外界聲音干擾，也因為如此，別人和她相處時自然而然會予以尊重，反而更具令人無法抗拒的魅力。

我不是非你不可：自信就無所畏懼

有些女生在談戀愛時容易被男生吃得死死的，通常是因為她們對於男生的需求感太重而讓關係失衡。只要男生說什麼她都全盤接受甚至沒有自己的想法，也無法自己做決定。這種不對等的關係很容易失去自我，變成男生的附屬品。若想要談一場有品質的愛情，不只要經濟獨立也要精神獨立，才能在這段關係中擁有話語權和選擇權，讓對方知道你不是可以隨意對待的女生，對方才會尊重你。

女生經濟獨立是高品質愛情的基礎。當你擁有穩定的收入和財務狀況，就不需要依賴男生的金援，而有能力自己做決定，面對困難時有更多選擇，同時也讓你在戀愛關係中更獨立自主，你不再需要因為經濟原因而妥協，且能夠按照自己的意願和目標生活。但**經濟獨立不代表你不能接受男生的照顧、取悅或寵愛，而是當對方沒有善待你時，你有離開的底氣及勇氣。**

精神獨立同樣至關重要。當你有自己的興趣、喜好和價值觀，就不會受男生的影響而改變自己。如果有男生總是一直指揮你該怎麼做，你不會一五一十照單全收，甚至被PUA（藉由掌握對方心思，以威逼利誘讓對方就範），在關係中更能保持清醒和理智。精神獨立的前提是，你必須知道自己想要過什麼樣的理想生活？如果你明確知道你要找的是一個可以一起過好日子的對象，你會發現這樣的對象不會只有一個，才不會一遇到一個男生，就自帶粉紅濾鏡幻想著你和他從此幸福快樂充滿粉紅泡泡的未來。即使蜜月期過後不論他如何對你，你都不願意離開他，死守「非他不可」的執著，讓你魅力盡失，對方也更加不珍惜你。

談戀愛時，一定要有「我不是非你不可」的自我建設。這種心態讓你在戀愛中保持獨立和自由不會過於依賴對方。當你對對方沒有強烈的需求感時，才能自然放鬆地展現真實的自己，男生也會感受到你不需要凡事依賴他的從容，自然被你原本的樣子吸引。這種真實和自然的吸引力才是長久關係的基礎。

Ashley是一位三十三歲的女性，因為談感情總是不斷遇到渣男來找我進行一對一戀愛諮詢。她在剛開始談戀愛時防備心總是很重，所以會把自己包裝成非常獨立的樣子，等到男生對她獻殷情一段時間得到她的芳心及信任後，她便會慢慢卸下心防，漸漸展現出原本真實的樣子，最後時常因感情變質無疾而終，同樣的戀愛模式總是不斷上演，她不明白為什麼一直重蹈覆轍？

我說：「因為你剛開始展現的並不是真實的你，所以男生也是因為你當初包裝出來的『獨立』形象而被吸引，但是你沒有適時給他們機會認識真實的你，讓他們看見那個偶爾會沒有安全感的小女孩。」

她說：「但是我真實的樣子很可怕！沒有人會喜歡我！」

我說：「你這種想法才是阻擋幸福的關鍵。我覺得沒有安全感的小女孩其實很惹人愛，雖然可能偶爾鬧點脾氣，可是你善良、認真、努力，那樣的你很迷人。」

經過諮詢後，Ashley才意識到她感情碰壁的原因，因為她習慣把自己偽裝成另一個人，所以男生無法自然的認識她真實的樣子，久而久之，對方會漸漸發現原來當初自己看到的，並不是她真實的樣子，當然會敬而遠之。後來，當她開始勇於在男生面前展現真實的自己時，就真的找到真正懂她、欣賞她也疼愛她的男友。

你不是我的菜！面對誘惑勇敢說「不」

勇於拒絕不喜歡的男生，其實一點也不值得往臉上貼金，畢竟你本來就不喜歡他；但如果是面對條件出色的對象，雖然內心深處明白他並不適合長久走下去，卻還是深深被他吸引，若能對抗這種欲望，才是真正的挑戰。

當你身為一個「擁有愛情自主權的女生」，必然會有很多傾慕者欣賞和追求，其中一定不乏「還不錯」的對象，但因為你對自己要求很高，也不願意降低標準屈就於那些「不合格」「未達標」的男生。這套嚴格的標準，不僅在選擇伴侶時如此，在生活的方方面面也是如此。你深知自己的價值，不會因為一時的寂寞或是外界壓力而隨便湊合將就。這種高標準並不是傲慢，而是一種對自我負責的態度。只有當自己感受到幸福美滿，才能給予對方同等的快樂。PART 4章節將會告訴你寶藏男與NG男的「趨吉避凶」法則。

「擁有愛情自主權的女生」戀愛之餘也能享受單身的美好，不會因為單身而感到不安或是焦慮，反而會利用這段時間提升自己，無論是事業衝刺還是個人進修。單身並不等於孤獨，反而是一種自由，可以按照自己的節奏生活，不需要遷就任何人。這種自由讓她們變得更加自信和獨立，也讓她們在未來的戀愛關係中更有勝算。

她們尋求的是外在、心靈、價值觀都契合的伴侶，這樣的伴侶不僅能夠理解她們的內心，還能支持和鼓勵她們的夢想和目標。她們深知，只有這樣的伴侶才能在長久的關係中帶給她們真正的幸福和滿足，所以寧缺勿濫。雖然拒絕並不是一件容易的事情，尤其是當對方條件不錯，你對他也有好感時，但是，**與其將就不完美的關係虛擲青春，不如等待真正契合的伴侶。**

你若無情，我便離開：設定底線停損

離開愛情、從一段感情登出，不是用來威脅男生的籌碼，而是自己的底氣，懂得照顧自己外在及心靈的女生，因為知道自己的價值，這種氣場會從談吐、氣質、行為、思想等各個層面散發出來，所以不會屈就於別人對她不好。懂得保護自尊和自信並不是驕傲，而是內在的力量，讓她們不會因為任何人的輕視而動搖，面對任何事都能更從容不迫。

「擁有愛情自主權的女生」在愛情中不輕易妥協受委屈。如果對方對她不好，出於自保和自尊重，一定果斷離開。愛情應該是雙方互相尊重和愛護，而不是一方委曲求全。

在離開不合適的愛情後，也不會一味自責、自怨自艾，依舊會不斷提升自己，利用這段感情空窗期充實自己，這種不斷「進化」和成長讓她們變得更加自信和獨立，也讓她們在未來的愛情中更有發球權，讓自己更好的同時，也等待下一個更值得付出感情的理想伴侶。

小測驗：

你是擁有愛情自主權的女生嗎？

這裡指的「擁有愛情自主權的女生」絕對不只是普遍認為，只侷限在金錢、學歷、職業等等這些外在條件勝出的人，而是同時擁有有形及無形價值，能夠掌握自己的生活、職場及情場的人。

1	你對自己感到自信？
2	你對自己的生活感到滿意？
3	你滿意自己的職業？
4	你接納自己的好與不好？
5	你與異性相處沒有問題？
6	你能夠自然真誠地展現自己脆弱的一面？
7	你身邊都是很優質的人？
8	你的自我覺察能力很強？
9	你能夠有意識的控制自己的思想及情感，不被外在影響？
10	你能夠在與他人建立情感連結時，保持健康的界線？

如果你符合以上

- **0 ～ 3 項：**代表你目前可能在某些方面感到不足或不確定，或正面臨自我價值的挑戰，但現在反而是成長的起點，勇於認識自己是一段重要的旅程。每個「擁有愛情自主權的女生」其實都是從這裡起步，只要持續投入和努力，未來必能大放光明！

- **4 ～ 6 項：**說明你已經具備一定的自我掌控力和價值感，並且走在通往愛情自主的路上，相信自己，你已開始展現優點和力量，只要繼續努力保持耐心，這些尚未完善的地方也會慢慢變得更好，你離「擁有愛情自主權的女生」的完整人設已越來越近。

- **7 ～ 10 項：**恭喜你！你已經擁有高度的自信和成熟的掌控力，甚至是許多女生的榜樣，現在的你可以考慮幫助和激勵身邊的女生提升她們的價值，成為更多人欽羨「擁有愛情自主權的女生」！

無論你目前處在哪個階段，都只是成長和「進化」的一部分與過程，每往前一個階段，都是經驗的累積，總有一天，你的內在力量和外在價值將會自然展露讓你自帶光環，散發迷人魅力。

Part. 2

成為男人
無法抗拒的女人
四大神器

如果你戀愛經驗不多，或是母胎單身，可能還摸不清男生到底喜歡什麼樣的女生，甚至以為女生一定要美豔動人、顏值很高，才能得到男生的青睞，事實上，想要發展穩定和長期的關係前，男生女生想的不一樣。究竟什麼樣的特質會讓女生閃閃動人？讓男生一見傾心秒「暈船」呢？

本章將傳授初次見面就讓男生小鹿亂撞忍不住對你心動的放大絕。溫馨提醒，這些特質不是耍心機用手段誤導對方，只是加速點燃愛苗、替感情加分的潤滑劑，建議大家以成為PART1「擁有愛情自主權的女生」為目標，再輔以PART2的相處技巧，成為讓男生捨不得離開的女生；但如果把所有注意力都只放在後者，只有方法和技巧而沒有原則和目標，很可能一不小心就會淪為為愛而活，卻不斷失去自我的女生喔！

江湖在走顏值要有！回頭率百分百的感官魅力

如果你沒有刻意研究過男人這種生物，我可以直接破題跟你說，男生喜歡漂亮女生！聽起來似乎天經地義，但老實說在我尚未「刻意」研究男生之前，還真的不知道原來外表這麼重要。

先別急著批評男生膚淺，我必須替他們平反一下，基於演化心理學，人類為了繁衍後代，男人必須挑選健康且適合生育的女人是一種天性，演變到現代，漂亮女生「可能」代表著可以繁衍健康後代的象徵。

多數男生基於政治正確立場，不太會公開表態對於女生外表的重視，但事實上如果你私下問他們，尤其是「有選擇權」的男生，他們絕對不會否認顏值的重要性。許多男生也不諱言想要選擇外在條件跟自己匹配，甚至是顏值更勝於自己的對象。

有選擇權的男生通常有一定的實力，他們可能社會地位和顏值都不差，身邊也不缺女生，美女對他們來說不希罕，很多女生主投懷送抱也是剛好而已，所以他們對於想要和什麼樣的女生發展穩定的關係，心中自然有一定的想法和一把尺。

在意外表不是只為了吸引、取悅異性，我也不建議為了男生把自己變成連自己都不愛的樣子，應該是將自己打扮成「自己也喜歡的樣子」才是雙贏，當你喜歡鏡子中的自己時，才能自然地散發出吸引人的氣場。

你可能會想，長相明明是天生注定，如果爸媽沒把你生成俊男美女，不就沒戲了？事實上，男生對女生的外表喜好還是有很大的差異和個人偏好，長髮或短髮、高挑或嬌小、平胸或豐滿、肉肉女或紙片女等等，各有姿色都有人欣賞，不過我訪談過許多有心認真談感情的男性，除了視覺上的吸睛，相處上的合適度更是他們在挑選伴侶時很重要的準則，所以外表只是吸引異性的第一步。

請注意，這裡指的「顏值」不盡然是世俗標準中，女生在意的體重、肩寬、眼皮折數、眼睛大小、毛孔粗細等等「局部細節」，許多男生注意的其實只是「整體感」，通常你的「大方向」對了，看起來順眼舒服，男生就會把你歸類為他們欣賞

的女生，

另外一個重點是，只要是你想要吸引的「這個男生」覺得你外表足夠吸引他就行了，而不是你媽媽、你的親朋好友或路人甲乙丙覺得你漂不漂亮。只要「這個男生」覺得你是他心目中的美女，潘朵拉的盒子就等於開啟了一半。

或許天生的長相我們無法改變，但是後天對外表的保養和照顧就怨不了別人，保持良好的狀態，更是對自己的尊重和自律的表現。如果「漂亮」的定義太抽象，可以先把重點放在「健康」上，你是否是個「外表健康」「內在健康」「情緒健康」的女生？只要掌握這三個部分，我相信你就能自然散發出吸引人的氣場。藉由外表的視覺溝通後，自然有機會在舉手投足間留下好印象，也才會有再繼續深談、深入認識彼此的機會，這是對男生女生都通用的法則。

剛柔並濟，善用女力

以前的我雖然不乏男生喜歡，但這些男生很多都是貼心卻沒主見，總是一味順從我，雖然可以受到公主般的對待，但日子久了卻很容易感到無聊，因為他們的心思只想著如何取悅你，沒有自己的想法，相處便缺少交流和火花。當我無意間認識到「女性能量」時才發現，以前的我就是因為缺乏女性能量，才無法遇到風趣幽默、有智慧又有事業心的男生。

大部分的男生天生會有「英雄情節」，他們需要被自己或他人看作是「有用的人」才有存在感，所以這也是為什麼許多男生心甘情願當「工具人」的原因，當他們在解決別人的問題時，相對也會覺得自己是個有用的人並且充滿使命感。自帶女性能量的女生，便很容易和男生的英雄情節產生化學反應一拍即合。

女性能量也可以稱作「陰性能量」，在東西方都有很多專門的研究，用最簡單的話說，女性能量是一種「感覺」，最貼近的中文形容詞大概是「女人味」或「溫柔」。通常事業成功的男生會特別受女性能量的吸引，因為事業成功的男性同時也多半具有「男性能量」，男性能量的特徵是善於解決問題、排除困難、領導他人等等，這些特質讓他們成為社經地位高的人，當他們感受到女性能量時，自然會開啟本能與之對到頻，往女性能量靠近。

有些女生天生聲音甜美，基本上就先具備了女性能量的優勢，這些女生就算罵髒話，男生都覺得特別悅耳。但是你也不用擔心自己沒有天生的甜美嗓音，靠後天學習還是有很多可以展現女人味的方式，我的聲音就一點都不甜美，個性也非常男孩子氣，如果我可以，你一定也可以！

為了更簡單說明女性能量，我將女性能量分為「有形」及「無形」兩種，本章節會先從「看得到」的部分探討，因為這是最快速容易聚焦的改變。

女性有形的能量可以透過主動或被動製造出來：

主動製造的女性能量

可以用先天條件及後天方式展現女人味。例如：

由內而外的自信：自信的外表不僅來自於穿搭，更是態度的展現。選擇能夠凸顯或修飾身材的服飾，例如合身的連身裙或優雅的上衣，不僅能完美勾勒出女性曲線，更能展現出自信與魅力。此外，搭配適當的飾品，例如一條簡約的項鍊或一副耳環，都可以為整體造型增添亮點，整體穿搭也更有焦點。在顏色的選擇上，鮮豔或柔和的色調都能展現出不同的氣質。明亮的純色如紅色、寶藍色，能讓你在人群中脫穎而出，傳達出活力與自信；而柔和的色調如莫蘭迪色系或米白、淺粉，則能帶給人優雅與柔美的感覺。別忘了一雙合適的鞋子也能為你的品味加分不少，無論是高跟鞋、平底鞋、靴子還是休閒鞋，選擇一雙讓你走路自如、可以邁開自信步伐的鞋款，搭配合宜的服飾，走到哪裡都會讓人忍不住多看一眼。

穿搭之餘最重要的是，保持良好的姿勢、體態和面帶自信的微笑，更能讓你走到哪裡都成為焦點。

◆ **健康漂亮的秀髮：**一頭健康亮麗的秀髮是女性魅力的重要象徵。無論是長髮、短髮還是中長髮，關鍵在於髮質、光澤與整潔。選擇適合自己的髮型和髮色，搭配護髮產品，讓頭髮展現出自然的光澤感，無論是柔順的直髮還是自然的捲髮、長髮飄逸還是俏麗短髮，透過量身打造的髮型設計，凸顯自己的優點與獨特魅力，絕對是女性韻味的勝出關鍵。

◆ **運用自如的聲音魅力：**你的聲音可以是溫柔低語，也可以是堅定嘹亮。學會控制語調，放慢語速，讓聲音聽起來更柔軟，男生會更願意傾聽你說話。年輕時的我很愛面子，有的時候就算覺得自己理虧，也會因為好強拉不下臉而不願意將身段放軟或示弱，其實不是不想道歉，只是覺得道歉好像就輸了，或是感覺自己很糗。心智較成熟後的我認為，若想要一段甜蜜的感情或美好的關係，實在不需要惡言相向，逞口舌之快爭個我對你錯，現在我學會**「硬話軟說」**，善用這個技巧絕對吃香，同一句話：「你今天怎麼那麼晚回來？」用強硬的聲音質問，搭配嚴厲的眼神，只會讓男生覺得你是控制狂在興師問罪；但若換成用關心、輕柔的口吻，再搭配溫暖的擁抱，男生就會覺得你在撒嬌，下次可能也比較願意早點回家。

示弱其實是武器：適時展現自己的脆弱，反而能夠激發男生的保護欲。現代社會總是鼓吹女生獨立、自立自強，常常會讓人誤以為表現脆弱就是弱者的行為，殊不知，只有真正的強者，才會勇於展現自己的脆弱，因為你知道就算對方看到你的弱點，也無法拿來攻擊你，反而會更疼惜你。**示弱不代表你真的很「弱」，或是你真的可以完全依賴他人，需要對方來拯救你，只是讓對方知道你不是所向無敵的神力女超人，並且給他機會在你的生活中成為一個「有用的男生」**。

雖然你的外表充滿女人味，但是個性及待人接物一樣沉著、冷靜、不意氣用事，男生自然會尊重你，不妨在兩人聊天等自然互動中「不經意地」透露一些你不為人知的一面，因為一般人不會無緣無故向陌生人表現自己脆弱的一面，如果能勇敢的分享自己的內心世界，會立刻拉近兩人的距離與關係。

女性能量除了外在表現之外，很多時候是來自「對自己的感覺」，你能不能看到自己內在的溫柔、柔軟、撒嬌等等的女人味？你能不能看到自己的性感並擁抱身為女性的獨特力量？如果你對這些很陌生，不妨試試藉由噴香水、穿高跟鞋、穿上自己喜歡的洋裝、欣賞自己的笑容等等，由外而內挖掘自己的女性能量，當你把自己打扮得充滿女人味，自然會散發屬於女人獨有的魅力。

被動製造的女性能量

◆喚醒男性本能，製造「被需要」的機會：利用男人和女人天生就有生理上的差異，凸顯對方的男性特徵，也能讓男生自然的意識到你是「女性生物」的存在，例如：大部分男生可能比女生個子高、有力氣、擅長開車、喜歡邏輯思考和解決問題等等。如果對方走路很快，不需要逞強跟上他的步伐，可以拉拉他的手臂跟他說：「你走太快了啦！」或是「我腳沒有你那麼長，你走慢一點！」搭配溫柔甚至有點撒嬌的語氣，讓對方意識到：「我是個男人，我步伐大走得快，我要放慢腳步才可以配合我身邊的女人。」

如果對方有在健身，可以偶爾捏捏他的手臂說：「你的手臂好壯」，或是說「你的肌肉好硬，我的都軟軟的」，這種話也許有些女生覺得肉麻噁心說不出口，但這些其實都是能讓男生心花怒放，甚至增加他們自信的話哦！

如果遇到有需要出力氣的動作，小自開瓶蓋、大至搬重物，不管你是不是大力女，都儘管請男生幫忙，然後再看著對方眼睛笑笑說：「謝謝你」。

心理學中的「富蘭克林效應」提到，當某人幫助你時，對方會調整自己的信念來合理化這一行為，進而認為他們幫助你，是因為他們喜歡你或認為你值得幫助，建立更深厚的人際關係，所以，適時的尋求別人的幫忙，可以拉近彼此的關係。

當然以上這些行為，我強烈建議你只對自己真的有興趣的男生展現，如此一來，當對方發現你這些行為是因為他才會表現的，也會覺得自己在你心中特別不一樣，否則，若你對每個男生都這樣「放電」或「漏電」，可能會不小心成為女版的「中央空調」哦！

獨立適可而止，欣然接受好意：現代女性最常見的思維是，我明明就可以做到，為什麼要假裝自己做不到？我們害怕被輿論攻擊、被旁人說閒話，擔心若無法成為「靠自己」的女生，就會被別人說只會靠家裡、靠別人，甚至是依賴男人，所以我們總是想證明自己什麼都可以做到，麻煩或是請別人幫忙讓我們非常不習慣、不自在，包括我自己以前也是這樣，女性能量也因此被掩蓋或磨掉了。

以前的我過度獨立、樣樣追求完美，所有事情都要親力親為一手包辦，不喜歡麻煩別人，很在意一來一往才公平，但是這樣反而讓身邊的人看不到我的需求，因為我總是給人「一個人也可以」的形象，身邊的家人朋友也不知道要怎麼對我好，因為我把自己照顧得太好了！

後來我發現，成為一個「成熟的可愛女人」，生活過得開心充實，該認真的時候認真，該放鬆的時候開開玩笑、打打鬧鬧、偶爾任性一下，這樣的生活反而更精彩有趣。其實，我們每個人心裡都藏著一個小孩，只是在大人的現實世界裡，總是不允許我們當一個小孩，因為追求完美、獨立才會被大肆讚賞，當一個獨立的女生固然很好，但也很容易讓人忽略你也是需要被照顧的。

親愛的，我知道你有能力也很優秀，大部分的事情都難不倒你，但是如果有人心甘情願、開開心心地為你服務，不好嗎？看到別的女生被人疼愛的時候，你完全不會羨慕嗎？如果你曾渴望過接受別人的好意，那就欣然接納身為女人的柔軟特質，讓想對你好的男生幫你的生活增色加分吧！相信我，大多數男生都很樂意成為女生心目中那個強壯可靠又有肩膀的男人。

◆**坦誠需求，大方營造性張力：**要將女性能量發揮到極致，其中不可忽略的就是「性張力」。不可諱言，性愛對大部分男生來說是生活中不可或缺的一部分，而性張力則是一種在兩性互動中，能夠讓關係升溫的微妙力量。如果你是一位懂得享受並擁有健康性愛觀的女性，在無形中便已經吸引許多男性的關注與青睞。不僅僅是外表或身體上的吸引，更重要的是你能散發出自信、自在與性感的能量，這樣的性張力會讓你在男人心中占據特殊位置，增強你們之間的情感連結。

擁抱自己的性張力，首先必須接受自己的欲望，性愛是人類最原始的欲望，但是女性時常要承受世俗給我們的標籤和框架：「你要獨立但是不能太獨立」「你要有想法但是不能太有主見」「你要有顏值但是不能太妖嬌讓女生有壓力」「女生要矜持不能太主動」等等，我們必須卸下這些包袱，不因外界的輿論批判或刻板印象而壓抑自己。兩性關係中坦誠溝通至關重要，坦然地表達自己的需求與喜好，不僅能提升你和伴侶的滿足感，還能增強你們之間的親密關係。

記住，性愛是一種交流，而不是交易，當你們能夠平等地面對彼此，無論在肉體上還是心理上，都將感受到愛與激情的雙重力量，**在性愛中沒有對錯，只有兩個坦誠面對彼此的肉體。**

讀懂男人心，成為他的「閨密」

不管男生或女生，都深深渴望「被理解」，男生從小到大常常會被教育「男兒有淚不輕彈」「男生要有男子氣概」「男人要賺錢養家」等等，許多男生從小就被教導要壓抑自己的情感，表現出脆弱的一面會被視為不夠Man。但事實上，這也讓他們因為情感無法得到適當釋放而壓力山大。作為他的伴侶或朋友，如果能夠提供一個安全的空間，讓他放心地表達自己的感受，而不會被批判或嘲笑，將是對他極大的情感支持。

男生普遍不像女生善於表達，一群女生聚在一起常常會七嘴八舌的閒話家常或是抱怨工作、家庭、談戀愛等等，相反的男生其實常常「有苦難言」，我們比較少會看到一群男生聚在一起討論「我跟一個女生傳了一陣子的訊息，但是她現在都已讀不回」「我跟一個女生都發生關係了，但她好像不喜歡我」等等，但是在我做一對一諮詢時，有許多男生都曾經對我訴說他們的不安全感。

男生也會遇到挫折沮喪，只是因為他們不像女生擅長且習慣傾訴，再加上世俗價值觀認為男生不應該為兒女情長所苦，甚至認為「一個大男生哭成何體統」等等，所以如果他們遇到一個真心在意他感受、懂他情緒的女生，自然很容易對她動心動情。

如何讓男生覺得你很懂他呢？其實就是「同理心」，**同理心能進一步加深你們的情感與連結，這是一種無形的支持力量。**當對方感覺到你理解他時，會對你產生深刻的依賴與信任，這種連結不只是短暫的，而是能為長期關係奠定堅實的基礎。

如果你在聊天過程中可以替他說出他的「情緒」，他也會因為感受到你的溫暖而對你情不自禁。情緒可以是對周遭人事物的心理感受或是生理感受，包含喜怒哀樂和恐懼等。例如以下情境，你可以這樣同理他，幫他表達情緒：

初次見面的男生跟你聊他的工作……

你可以說：「能夠做到你這個工作，你一定**經歷過很多**吧！」

如果男生跟你說今天工作很忙……

你可以說：「那你一定**很累**吧！」

如果男生很興奮地跟你分享他的生活瑣事……

你可以說：「你看起來很**開心**耶！」

以上這些話雖然在簡單不過，卻會讓對方有種「她懂我」或是「她在意我」的感受，他也會更樂於跟你分享自己的事情。其實這個技巧不只在談戀愛時有用，用在其他人際關係上也是非常實用的溝通技巧。

當男生向你傾訴時，你需要敏銳地判斷，此時他是需要情感支持還是實際建議。有時候，男生並不需要解決方案，只是需要一個能理解他的人。除非他表示出需要你的意見時，你能適時給予建議，並且提供同理與關懷，便能擄獲他的心，成為他依賴的對象。通常除非對方主動問我的想法，我才會表達意見，有的時候我們可能會主觀地認為「這麼做不就好了」，但是這樣反而剝奪了對方成長或是處理事情的能力，而且許多男生的自尊心強，不太會輕易接納你的想法，如果你希望伴侶是一個可靠又會照顧人的男生，你應該也不會想要找一個處處需要你指點給建議，甚至時時需要照顧的男生。

當男生情緒低落時，我們不只可以表達理解，還可以用行動支持，或者默默做些小事幫助他放鬆，準備他喜歡的食物或安排一個安靜的放鬆時間。這些看似微不足道的貼心小舉動，都能夠讓他深刻感受到你的關懷溫暖，比任何安慰都更有力量。**很多時候一個溫暖的擁抱勝過千言萬語，比起下指導棋，你也不會因為對方沒有聽從你的意見而氣得半死。**成為一個真正懂他的人，並不需要幫他解決所有問題，而是懂得用心傾聽、感受他的情緒，在他需要的時候提供適當的情感支持，並且尊重他的成長空間，你們的關係將會變得更加深厚而穩固。

如果平時能夠時刻留意對方的生活、工作、個性等等，長時間下來你應該會是最了解他的人，有時候甚至不需要任何言語，一個簡單的眼神交流或一個不經意的動作，都比千言萬語更有力量。這種非語言的溝通需要靠長時間的默契培養出來，而這樣的默契不僅讓你們關係更加深厚緊密，也讓你成為他生命中無可替代的存在。

高級的讚美，打開他的心房

只要是人都喜歡「被喜歡」的感覺，如果我們在讚美他的同時流露出你對他的欣賞，他在你身邊的感覺會特別好，讚美的力量不僅在於讓對方感受到被喜歡，還能幫助對方增強自信，並加強他對你的正面情感，在潛意識中將這種正面的感覺與你產生連結，增加彼此的吸引力，讓關係更確定。

讚美他人，真誠是關鍵。不需要過度或誇張，只要是源自於你的真實觀察和真心感受，對方自然能接收真心誠意。如果你覺得對方某個特質值得稱讚，不妨從這個點出發，再進一步深入和延伸，讓他感覺到你真的注意到他的優點，如果讚美過於表面或浮誇，可能會讓人感覺虛假，反而產生反效果。

如何高級地稱讚人呢？**可以從對方特別花時間在上面的事物開始。**當自己的努力被看到時，通常會特別開心，如果稱讚別人天生就有的東西，並不會讓對方感受到任何情緒波瀾，就像稱讚一位天生麗質的美女：「你很漂亮」，她這輩子可能已經聽過這句話八百萬遍了，除了「謝謝」之外，其實沒辦法多反饋什麼。但是如果從她時常關注或是花心力的事情、興趣或是議題上稱讚，對方很容易會因為自己的努力被注意到而感到開心。

例如我曾經有一次在和朋友聚會時，看到一位許久不見的酒吧品牌主理人，便隨口說了一句：「Andy，你最近是不是變瘦了，看起來精神很好。」聚會後過沒多久，這位朋友時常主動約我出去，帶我品嚐許多我沒去過的餐廳，他告訴我因為經營酒吧工作繁忙，也時常作息日夜顛倒，讓他體重不斷飆升，但是過去一年他很認真上健身房、控制飲食，就是希望可以保持健康的體態，所以聽到我的稱讚非常開心。原本對我來說只是隨口說出的一句話，竟成為對方喜悅的時刻，甚至讓我們有進一步發展的機會，這就是聰明讚美他人的魔力。

如何找到對方可以稱讚的地方呢？你可以**從「對話」中找出關鍵字，並且透過這個關鍵字找出關聯性，豐富你的讚美層次。**當你學會將外在和內在的細節融入讚美中，不僅可以讓對方感覺良好，還能顯示出你對他的關注與欣賞。現代人的個人價值往往與工作或興趣緊密相連，特別是對於男性而言，工作成就感可能直接影響他們的自信心，所以，當你從**「職業」＋「工作特質」**或是**「興趣」＋「人格特質」**或是**「職業」＋「能力」**這三個層面讚美他時，會讓對方感覺你的讚美不僅僅是隨口說說而已，而是發自內心的認可與欣賞。

以下提供幾個情境範例，了解如何從對話中找出讚美的關鍵字：

「職業」＋「工作特質」的稱讚

當男生跟你說：「我的職業是**工程師**。」

你可以說：「我覺得會**寫程式**的男人很厲害。」

當你對一位工程師說：「我覺得工程師都很有邏輯，很厲害。」這不僅僅是對他職業的肯定，更是對他在生活中體現出來的邏輯性和分析能力的讚美。進一步說就是：「你是工程師，那你一定很有邏輯吧？」這樣的話題引導不僅能拉近你們的距離，還能讓對方感受到你對他專業能力的尊重，進而感覺你注意到了他的優點，而不僅僅是對他外在的表面評價。

工程師的專長就是寫程式，直接稱讚他的專長，很容易讓對方自我感覺非常良好，如果你對不同產業有一定的認知，像我通常會繼續詢問對方的專業技能，例如：「你是前端工程師還是後端？」或是「你是寫桌機還是手機的程式？」因為從事不同工程的工程師，工作內容完全不同。所以平時就保持開放的心胸去了解各行各業的屬性，擁有基本的know-how，也能夠讓你成為一個聊天高手。

「興趣」＋「人格特質」的稱讚

當男生跟你說：「我的興趣是**打籃球**。」

你可以說：「我很喜歡**會運動**的男生，有在運動的男生通常都**很自律**，這點我很欣賞。」

「我很喜歡會運動的男生」雖然是一句普通的讚美，但如果能補充一些**個人觀點**，細心觀察和深入讚美就能夠讓男生感受到你的特別關注，這樣的讚美不僅觸及他的喜好，更會引起他對自我特質的認同和共鳴。

打籃球與運動關聯性極高，這時候對方很有可能會反問你：「你平常有運動嗎？」或是「你有喜歡的運動嗎？」如此一來又可以聊出更多的關聯與話題。

「職業」＋「能力」的稱讚

當男生跟你說：「我最近開始進行**一個新專案**。」

你可以說：「哇！很棒耶，你一定是**之前表現很好**吧！」

「開始一個新專案」這句話隱藏的含意有很多，對方很有可能是因為在公司表現很好，所以才可以拿到新的專案，表現很好代表能力很好，能力很好代表他一定有付出不為人知的努力。透過稱讚，你可以把這些能力找出來，並且從中觀察這些能力是不是你喜歡或需要的伴侶特質？甚至你也可以觀察對方在聽到別人的稱讚時，是謙虛的接受，進一步分享自己的心路歷程，還是會因為幾句簡單的稱讚就洋洋得意，露出「對啊，我知道我有多棒！」自以為是的模樣。

表面上你只是簡單稱讚對方，實際上卻可以蒐集到許多有效的重要資訊，進而觀察對方是不是適合交往的對象。如果你是一個觀察力強的人，應該不難察覺別人的特質，但如果你是比較慢熟害羞、個性粗線條的人，這裡提供你一個大原則，任何場合都適用，就是**「從外在到內在的讚美」，稱讚的內容越細節，代表你的觀察力越好，也代表你是個細心的人。**

除了外在和內在的讚美，還可以嘗試**從情感層面稱讚**，例如稱讚對方對家庭的重視、對朋友的忠誠，這樣的讚美更能打動男生的心。或者，也可以讚美他的行為，比如「你剛剛幫那位女士開門真的很紳士」，這種對行為的讚美能讓對方感受到你對他舉手投足的在意，並進一步拉近你們的距離，也能夠鼓勵對方繼續做出同樣的行為。這樣的讚美方式不僅能在兩性互動中增強吸引力，同時也是一種有效的溝通技巧，適用於各種人際關係。當然，如果你遇到一個男生，但你實在看不出來他有什麼值得稱讚的地方，其實也不需要硬要當好人牽強地找話稱讚他，只需要禮貌的微笑點頭，然後轉身離開謝謝再聯絡，請不要浪費時間在他身上。

Part. 3

女生常見的
八大感情困擾

經營社群這幾年，聽過數以萬計的感情問題，再加上每週五在Instagram上的「解憂雜貨店」收到各式各樣的感情疑難雜症，許多男生和女生都常常跟我分享他們不愉快的感情經驗，這些狀況和困境我也曾經歷過，所以在本章節中整理出女生常見的感情問題，如果發現自己也面臨下列的情關或情境，把這些要點讀懂並且實際應用在生活中，至少就能成為戀愛素質成熟度八十%的女生了。

得失心作崇，提不起也放不下

我們從小就被灌輸要當「贏家」，尤其在亞洲社會的教育方式，我們很習慣「被排名」，每個人都有很強的得失心，都不喜歡輸的感覺，甚至害怕「失敗」，就連在感情上，如果遇到一個男生原本對自己有意思，卻突然收回對自己的關注時，也會觸發我們的得失心，誤以為那就是喜歡或是愛，哪怕我們知道對方其實也沒有那麼好，卻不想失去這段關係，實際上我們只是「不想輸」或是「不甘心」，因為輸的感覺很傷自尊心，所以想要證明自己的能力或魅力：明明是你瞎了狗眼，才會不喜歡我，而不是因為我不夠好！

女生的周遭充滿很多同為女性的討拍取暖和心靈雞湯，如果有男生不喜歡你，身邊的朋友或是網路上的鄉民很可能會安慰你：「是他配不上你」「是你太好了」「他是渣男吧」「怎麼可能會有人不喜歡你，你這麼好」種種灌你迷湯的說法，更讓我們以為「贏」才是人生的常態。

在我近期最後一段感情結束時，經歷了斷崖式分手，那是我人生最慘痛的情傷，也因此進入了人生最黑暗的時期，體驗了什麼叫做痛徹心扉、痛不欲生，什麼叫做人生無望，每晚夢到熊熊烈火燃燒，不僅非常無助，也看不到一絲曙光，那次分手徹底摧毀我的自信，花了超過一年的時間慢慢療傷，心情才緩慢平復，但若沒有經歷過那些痛苦，我大概也沒有辦法坐在這裡寫下這本書，現在回想起來，那些不堪回首反而是我重要的人生養分，甚至讓我開始嘗試成為情感顧問，也因為這些親身經歷，我總是可以很精確地抓住女生內心細膩的情緒轉折，幫助更多為情所困的女生，那些長期接受我一對一諮詢的女孩們，每個人都變得更漂亮更有自信，所以，看到大家的轉變，反而讓我非常感謝那段慘澹的時光。

失戀的那一年中，我刻意不與任何人曖昧、約會，也失去談戀愛的興致與動力，彷彿活在只有自己的孤島上，因為我知道若這個時候出去約會，絕對不會有好下場，以前的我是多麼自信，如果在這個低潮期認識新對象，對方也不會認識真正的我，對雙方都不公平。分手後的那一年，我不停的在反覆自我懷疑、焦慮挫折中無限輪迴鬼打牆，當我好不容易重新振作起來，鼓起勇氣重返約會市場時，竟雪上加霜遇到人生中第一個渣男……或許這樣說聽起來有點令人不悅，我以前的戀愛經驗一直都非常順利，我喜歡的人也剛好都喜歡我，所以兩人可以很順利地推進關係，現在想起來覺得以前真的太幸運了。

我不是那種隨便接受別人對我好的女生，尤其如果我知道對方喜歡我的話，通常在約會一到三次後，就會很清楚讓對方知道我對他的感覺，當對方得知我對他並沒有意思時，當然也不會繼續示好。就是因為以前的戀愛經驗太順利，以至於從來沒想過原來談戀愛要「慎防渣男」這件事，真不知道是幸還是不幸！（苦笑）

這位我人生中首次登場的渣男「西裝哥」，是在交友軟體上配對的對象，會和他swipe right（互有好感）有兩個原因：一、他在交友軟體上寫著「想找穩定的關係」。二、他在交友軟體上其中一張穿西裝的照片我覺得滿帥的（沒錯，就是如此膚淺的原因，但是交友軟體上就幾張照片而已，是能有什麼深度?!）我和西裝哥配對成功不久後就約出來見面，西裝哥總是帶著笑容，言行舉止都很細心，也是個有理想抱負的人。

第一次見面時，我問他正在尋找什麼樣的關係？他回答：「我希望有一天能有小孩。」當時天真的我心想：「太好了！我遇到一個想找穩定關係的男生，我也是呀！」但是，西裝哥其實並沒有直接回答我的問題，一般男生可能會回答：「我在找穩定的關係」或是「我還沒有想要定下來」等等，所以那時我的內心其實也是微微閃紅燈的。第二次見面我再次問他想要找穩定的關係嗎？他回答：「是」，而我基於單純的個性，很快就相信他的話（犯下大錯）。

西裝哥剛開始約會時總是很熱情地直球告白表示喜歡我，因為我一直以來也喜歡直來直往，不喜歡扭扭捏捏的男生，所以他的表達方式在我眼裡算是正常發揮，殊不知約會幾次之後，我發現他其實是個非常不信守承諾的人，時常在約好要見面或出遊之後卻遲遲沒有任何下文。

他和我傳訊息時，言談也常讓我覺得沒有深度，最常出現像是：「今天過得如何？」「昨天過得如何？」這種沒有溫度的噓寒問暖罐頭訊息，雖然對方有傳訊息表示關心，但總感覺像在跟AI機器人對話，最令我困惑的是，我們見面時他又熱情貼心依舊，這個線上線下言行不一的行為讓我非常不解，所以我對他總是抱持著既喜歡又存疑的不安心情。

後來我驚覺自己被**Love Bombing**了，中文意思是**愛情炸彈**或是**糖衣砲彈**，指的是有些人會在一開始的時候對你投入大量的傾慕和關注，他可能會不斷地讚美你、取悅你、對你甜言蜜語，世界上沒有人會不喜歡有人對自己好，尤其是你有好感的對象。但是在蜜月期結束後，他便開始停止對你的關注，對你忽冷忽熱，傳簡訊也有一搭沒一搭，不會主動約你出來也不會拒絕見面，你因此開始對這樣前後的反差非常困惑焦慮、無所適從，又怕自己是不是太小題大作，甚至檢討自己哪裡做錯，展開一個非常內耗和折騰的循環。

相反的，我們也有可能是Love Bombing別人的人，如果你發現自己很容易快速地對一個人產生好感，在剛開始時大量釋出欣賞之情，但是熱度和新鮮感過去後，便漸漸對對方失去興趣，這就是這個戀愛習慣的標準症頭。有可能你並沒有真心想要尋找穩定的關係，或是你只是喜歡戀愛的感覺，卻沒有想要給承諾擔負責任，以致當關係推進時便開始冷卻，導致交往的對象苦不堪言甚至受傷。

從跟西裝男認識到決定放生，大約是三到四個月的時間，在我經歷過前面的情傷又花了一年的時間療傷後，又遇到這樣的對象，就像是一個出了嚴重車禍一隻腳骨折的人，好不容易復健了一年後，開始可以搖搖晃晃重新站起來之際，有人又突然把你手上的拐杖一腳踹開，讓我再度重摔的感覺。後來仔細想想，其實我跟西裝男根本沒有建立什麼深刻的情感連結，但是為什麼我感到非常受傷呢？說穿了其實就是有損「自尊心」，畢竟當時的我因為過往感情都很順利，根本沒有被虧待的經歷，所以對我來說無疑是投下一枚威力強大的震撼彈：我明明是很棒的人呀！竟然會有人不喜歡我?!不想跟我在一起?!怎麼可能?!

不過在我反覆思考後，也領悟了這樣的想法真的是狂妄自大到不行，我怎麼會天真到覺得世界上所有我喜歡的男生都會想跟我在一起?!看多了網路上各種心靈（毒）雞湯，總讓女生誤以為自己可以和所有喜歡的人在一起，當我退一步反思，世界上有超過八十億人口，男性假設有大約四十億人，再扣掉同志朋友，也許還有二十億的直男，我怎麼會天真的以為這二十億人口都會喜歡我呢?!是不是好傻好天真也好可笑?!經過這番大澈大悟，現在的我已經沒那麼重的得失心，也許「失敗」或「屢戰屢敗」也是一種人生狀態，如果認為對方不喜歡自己就是輸了，就是代表自己不夠好、不夠有魅力，那就真的太武斷也不夠成熟。

事實上，就算對方不選擇自己，也不代表你不好，你們就是不適合、沒對到頻而已。很多時候被已讀不回時，身邊的好姐妹總會盲目支持無極限，安慰你：「是他瞎了狗眼」「他也太爛了吧」「他根本配不上你」……這些友情應援不一定對你有幫助，我們要做的就只是「認清事實」，沒有跟你在一起真的是他的損失嗎？如果你們本來就不合適，沒在一起不是更好嗎？哪有什麼誰比誰好、誰配不上誰，只不過是兩個不適合的陌生人短暫交集後，再各自回到兩條平行線而已。

如果談戀愛時總是抱持強烈的得失心，比起享受一段健康又舒服的關係，你想找的可能只是「勝利」的滋味，為了贏，反而忘記去思考對方真的值得你這麼努力嗎？就算你「贏了」，也可能立刻喪失「鬥志」，因為贏了以後就不好玩了，反而會想另闢戰場，尋求下一段刺激。

網路上流傳各種讓對方「上鉤」的伎倆，例如：看到對方的訊息時，明明可以馬上回，卻硬要等個兩小時再回，但是這兩個小時期間，你明明每十五分鐘就看一次手機，內心明明非常在意對方，卻要表現出沒那麼喜歡的樣子，甚至故意在Instagram發限時動態跟朋友出去玩的照片或影片，想要表現自己的生活很精彩，同時又一直注意對方有沒有看你的限動，這些其實都像是硬要自抬身價的小把戲。

我也曾把談戀愛看作玩一場貓抓老鼠遊戲，後來發現這其實是個不健康的心態，如果希望找到一個能和自己坦誠相對、互相了解、開心互動、自在相處的另一半，怎麼可以把關係建立在「遊戲」上呢？再說，社群平台上在怎麼光鮮亮麗、充實精彩，也可能只是刻意營造或虛假的人設，時間久了，終究蒙騙不了身邊親近的人。

成熟的戀愛需要兩個成熟的大人，放下玩戀愛遊戲的心態，誠實又同理的去思考兩人交往的可能性，究竟適合當情侶還是退一步當朋友？要繼續聯絡保持觀望還是直接封鎖對方？才是你該思考的問題，就算無緣在一起，也沒有誰輸誰贏，就只是不合適而已。

總是句點對方，錯失機會

曾經有位男性友人請教我該如何和交友軟體上的女生聊天，他總覺得女生很難聊，不知道該說什麼或不該說什麼。起初我以為問題應該出在我朋友身上，後來一看他的交友軟體之後才發現，有些女生真的很難聊，大部分女生的開場白清一色都是「哈囉」「你好」「嗨（Hi）」，這樣的起手式至少占了九十五％，甚至有些女生在自我介紹直接寫出「我喜歡男生主動開啟話題，我會考慮要不要回應」，不曉得大家看到這些開場白跟自我介紹會有什麼感覺？我自己是有點聊不下去，覺得對方有點傲驕，試想一下，在一場聚會中，你會選擇找這樣說話的女生「尬聊」，還是寧願去跟另一個看起來健談友善、樂意互動的女生認識聊天？

傳統教育始終要女生懂得矜持，或是要求男生應該主動且努力證明自己，才值得和女生互動。這些普世價值我覺得都沒有不對，但時代已然不同，以前的男生可能一輩子能夠認識的女生就是他住的那條街上的小美、小莉、小花，他可以把所有的時間和資源都投注在這三個女生身上就好。但是現代男女只要交友軟體一下載就有成千上萬人等你去「配對」，如果你很無趣，對方還有其他九九九個目標可以探索，為什麼要花時間在你身上？如何在眾多女生中脫穎而出，才是我們應該要思考的。

通常，如果彼此已經通過外表「看得順眼」的關卡，接下來就是評估彼此內在合不合拍，究竟該如何評估？就從學會「問問題」開始，**問對問題，才能找到對的人，**問對問題可以讓兩個人在短時間親密度大增，遠遠勝於那些可能已經約會好一陣子，但彼此的了解卻仍停留在很表層的階段。

問對問題的前提是保持好奇心。我是一個對人充滿好奇的人，總是想挖出別人更多的想法，透過這個挖掘的過程，不僅能夠了解每個人截然不同的思維，還能發掘每個人的獨特性。我某一任男友的媽媽是在美國執業的心理諮商師，她曾對我說：「你問的問題都是很好的諮商師問題」，我聽到時覺得意外又驚喜，後來想想，因為對我來說，每個人都是獨立的個體，我在意的是「What makes you YOU」，我很好奇不同人的價值系統，也想了解別人和我有什麼不一樣，也許這也是我吸引男生注意的原因，或是讓男生對我動心的引信，因為他們從我的視角感受到自己是個特別的存在，誰不想成為一個特別的人呢？

我喜歡用深度探索的方式了解一個人，而每個人都喜歡「被理解」的感覺，如果有心理諮商經驗的朋友就知道，接受諮商時最需要的就是「被同理」「被接納」，同理可證，如果我們能不帶批判用心去理解身邊的人，對方自然會喜歡跟你相處，因為在你身邊能夠真實地做自己。

以下整理出「在一起前」就可以問對方的問題，讓你更了解約會對象的價值觀，進一步思考兩人究竟適不適合。請記得在合適的時機把問題加入對話之中，不要照表操課或照本宣科生硬地提出這些問題，不然對方可能會以為在參加工作面試。在問這些問題時，純粹抱持好奇而開放的心態即可，不是要靈魂考驗，也不要讓對方覺得你默默在心中幫他打分數，這些問題沒有標準，只是讓你更深入了解對方而已，在提問的過程中也可以分享自己的故事，加速雙向溝通了解，準備好以下這些聊天「題庫」，約會時就不怕無話可聊了。

約會聊天題庫

價值觀	問題	問題背後的涵意→幫助你了解……
家庭觀	你跟家人一起住嗎？	他的經濟能力或他有沒有獨立生活的能力。
	你跟你家人親近嗎？	通常與家人感情很好的人，會是好伴侶的機會較高；如果對方非常不喜歡自己的家人，也有可能是不擅長經營情感關係。
	你有兄弟姐妹嗎？	如果是獨身子，可能很習慣獨來獨往；長子可能特別有責任感或會照顧人；老么可能習慣被人照顧。甚至可能進一步發現對方的家庭是否重男輕女等等。
	你是哪種類型的哥哥／弟弟？	對方習慣當解決問題的人？還是習慣別人幫他解決問題？（我的不負責觀察：有姊姊的男生，有可能嘴很甜但不太有責任感，因為總是有人幫他們作決定。）
	你很保護你的兄弟姐妹嗎？	對家人有保護欲的人，對伴侶通常也會特別照顧。

類別	問題	說明
工作	你喜歡你的工作嗎？	如果對方很喜歡自己的工作，代表對生活滿意度較高；如果對方不喜歡這份工作，可能因為他沒有更好的選擇，或是對於工作有不同的想法。
	你最喜歡工作的哪個部分？	對方擅長的事情，例如：很會分析事情、很會統整複雜的事物、很有創意等等。
	以後也想繼續從事這個工作嗎？	他對於自己的職涯規劃。
	你喜歡你的公司嗎？為什麼？	這家公司的發展前景等等。
	你的同事好相處嗎？	他常在團體內扮演什麼角色。
興趣喜好	你喜歡旅遊嗎？	有些人不喜歡旅行，喜歡待在固定的地方，或許就不適合愛旅行或是愛冒險的伴侶。
	你喜歡哪些城市？	由此可知這個人喜歡城市還是郊區？例如喜歡紐約跟喜歡洛杉磯的人個性就截然不同。
	你喜歡規劃行程嗎？	對方是否是會主動規劃的人。

類別	問題	說明
	你方向感好嗎？	如果你方向感不好，有一個方向感好的伴侶會很互補。
	有喜歡的運動嗎？	對方對生活及身材的保持是否自律。
	假日喜歡做什麼？	對方如何度過休閒時間，進而推測評估你們的假期活動是否能配合。
	你會開車嗎？習慣的代步工具為何？	未來和他出門時可能搭乘的交通工具。
朋友圈&社交圈	你最常相處的朋友是誰？	西方常說我們是身邊五個人的平均值，你能從他最常花時間相處的人當中了解這個人。
	（承上題）你們怎麼認識的？	如果有人與學生時期的朋友仍保持良好的聯繫互動，表示他的生活圈有可能滿單純的；但如果對方身邊都是酒肉朋友，也可以思考一下他們在一起時都在做什麼？
	（承上題）你們出門都去做什麼？	對方與朋友的生活習慣。

愛情觀

你喜歡什麼樣的女生？	每個男生喜歡的類型都不一樣，你也能藉此了解彼此對雙方是否具有吸引力？
單身多久了？	我通常對恢復單身六個月以內的人有點疑慮，覺得他或許還不是適合發展的對象，因為對方很有可能只是想滿足空窗期的空虛感。
你會想結婚嗎？會，為什麼？不會，為什麼？	對方的婚姻觀。
你想要生小孩嗎？如果會，想要幾個小孩？	對方對生兒育女的想法及家庭觀。
你是怎樣的男友？	他是個喜歡照顧女生的人？還是喜歡帶女生出去玩的人……等等。
女生和你交往前應該知道的事？	這題有可能會問出一些不為人知的事情，例如他可能會說：我不愛洗碗、我花很多時間在工作上……等等。

金錢觀	如果你現在中了樂透一百萬，你會怎麼分配你的金錢？	他的消費習慣及理財觀念？
	如果不考慮錢的問題，你現在最想做的事情是什麼？	如果他的回答與目前的生活狀態沒有太大差異，也許表示他有可能已經過著自己理想中的生活。
	你覺得賺錢是為了滿足生活中哪三件最重要的事？	對方的生活需求及人生排序，例如：提升生活品質、照顧身邊的人、買房買車……等等。
	你最常花錢在什麼地方上？	通常花最多錢的地方，時常也是我們最在意的事情。
人格特質	你生氣的時候會怎麼樣？	他對自己的了解程度有多少？他生氣的反應是什麼？
	你會因為什麼事情而生氣？	他在意的事情是什麼？你是否能尊重他不喜歡的事？
	怎樣會讓你消氣？	預先了解之後如果吵架時，你能知道如何安撫他。
	什麼事情會讓你開心？	什麼事情可以讓他心情變好。

這些問題不是準則，也沒有標準答案，只是提供你開啟話匣子的靈感，而這些答案背後的含義也都有但書，只是簡單提醒每個答案的陳述可能代表的意思，重點不是表面呈現的感覺，而是深度去聊出這些行為背後的故事，絕對不是若對方回答「與家人感情不好就代表他不會是好伴侶」這種一翻兩瞪眼的推論，反而可以藉機去討論家人感情不好的原因，是不是因為他的家人是控制狂？所以他必須設立界線，若是因為如此反而是好的特徵。約會時最重要的是了解對方的個性和價值觀，抱持好奇心，用心認識你眼前的這個人，是什麼樣的故事及背景造就現在的他？透過這些問題，可以引導出很多耐人尋味的互動，加速你思考評估對方是不是合適的人。

頤指氣使，把工作模式帶入愛情

通常事業心強的女性在職場上都表現出色，她們理性冷靜、獨立自強、習慣就事論事、不輕易表露脆弱的一面，這些特質讓她們在工作上具備高效率和解決問題的能力，然而，這種「工作模式」若延伸套用在情場上，反而可能成為阻礙感情發展的絆腳石。當一個女生總是ㄍㄧㄥ在最堅強、最完美的狀態，可能會讓另一半覺得難以親近，因為無法看到她真正的內心世界，所以也容易引發誤解與爭吵。

最舒服自在的愛情，必須放下控制欲，對於職場上的女強人來說或許不容易，然而在感情生活中，愛情的基礎是雙方共鳴共情，並不是較勁誰能有效解決問題。若總是在感情中試圖掌控一切，想安排每個細節或是解決對方的所有問題，不但可能把戀愛談得像工作一樣筋疲力竭，甚至讓對方感到壓力。懂得在適當的時候放手，讓對方展現自我，自由發揮，相對的自己也能在感情中找到舒適自在的空間。

若想經營一段高品質的戀愛，就要放下在職場上習慣的工作模式和姿態，帶入更多情感、智慧和同理心，且需要敏銳、細膩地感知對方的情緒心思，學會以柔克剛，在適當的時候表達理解與支持，聰明識別該說什麼話、該做什麼事，才能像摯友般彼此信任，又能享受愛情的激情與甜蜜，這才是最幸福的狀態。

我在一對一的感情諮詢時，有許多職場上的女強人會告訴我：「我改不了」「我就是這樣的女生」「無法計畫並掌控我會很焦慮」……曾經，我也是很習慣男生總是聽我話的高姿態女生，所以很容易吸引體貼、言聽計從的「好好先生」，雖然這樣的伴侶對我非常好，但很明顯，我們對人生的追求不在一條軌道上。事業上，我總是汲汲營營追求好還要更好，而另一半則是習慣慢慢來順其自然也很好的人，久而久之，我很容易覺得對方很無聊，進而產生埋怨，後來我發現，我們本質上就是個性不合的人，如果我希望另外一半對我保有長久的吸引力，一定也要找這種以事業為重的男生，兩人目標才會一致，也比較理解對方的生活重心。

現在的我總是吸引到以事業為重的男生，和他們相處，因為兩個人都抱持追求自我成長的企圖，生活精彩之餘，最棒的一點是，我可以放心放鬆的談戀愛，因為我相信對方會做出最明智的選擇，但如果他做不到，我也可以果斷放生。改變我的戀愛習慣後，我遇到的男生真的越來越好，所以相信我，如果你有心改變，就絕對辦得到！

自身缺愛，習慣討愛

「愛自己」這三個字並不是一個口號，而是一個動詞，缺愛的原因很多，可能來自個人層面，也可能是外部環境造成，例如：受原生家庭的影響，在成長過程中被冷落忽視、缺乏關注和支持、父母情感不睦等問題，都可能導致缺愛。更有甚者有可能因為身心受創、失去親人、家庭破裂，甚至被家暴等遭遇，或是受社會價值觀、文化背景、社群媒體等影響，都有可能造成對愛的匱乏感。

如果跟家人關係不睦，成長過程中又沒有摯友、師長等支持陪伴，而後也沒有經歷過健康、純粹、能互相扶持的戀情，始終沒有體驗過「被愛」的感覺，所以當你遇到一個「可能」可以給你愛的人，就彷彿溺水的人抓到一塊浮木，會緊抱不放不敢離開。但事實上，缺愛的人比你想像中還常見，所以毋須自怨自艾，學習愛自己、和自己相處，才是一輩子的課題。

在我經歷過最痛苦的分手時，也是處於自信指數零、愛自己指數負一百的低迷狀態，那種無助和絕望彷彿烏雲罩頂、世界末日，但是透過長時間的自我探索、自我對話、自我療癒後，我把破碎的自己一片一片拼湊回來，每一個碎片都是一段經歷、一段回憶，它們雖然支離破碎，卻留下生命中刻骨銘心的痕跡。浴火重生固然不容易，但是經歷這個過程後的成長與體悟，絕對是值得的。而且最後，我終究還是走出了陰霾，彷彿脫胎換骨、煥然一新，每天我都正在迎接更好的自己，所以缺愛絕對可以靠後天彌補和克服，甚至不需要有另一半也可以自給自足，每個人原本都是完整的個體，就算曾經遍體鱗傷，實際上也只是痛一下而已。

感情受挫時，當下先承認自己現在就是個支離破碎的狀態，**放下自尊，勇敢坦誠「我現在並不好」，才有辦法透過內在的探索反思和自我修復重新找回失去的自我**，讓心智更堅韌強大也更臻成熟。

缺愛容易導致「討愛」行為，常見的討愛行為包含：不斷尋求確認，例如：過度問對方「你愛我嗎？」或是害怕衝突而壓抑自己的需求，認為自己付出越多，對方就會更愛自己。缺愛的人往往自我價值感低，習慣將幸福寄托在他人身上，反而很容易被有心人士利用遭受情緒勒索。想要徹底擺脫缺愛的症狀，必須發自內心改變自己討愛的模式，學會說「不」，不再因為害怕失去對方而一味遷就，不再用討愛的方式隱藏自己內心的需求。從內在尋求愛的源頭，比如透過興趣、愛好或志同道合的朋友來填補內心的空白。

愛不是討來的，而是因為你的存在本身就值得被愛，學會愛自己，才會遇見懂得珍惜你的人。不要害怕改變，因為每一次的成長都是走向幸福的開始，真正愛你的人，不需要你討好、不需要你掏空自己。當你放下恐懼學會為自己而活，你的世界會因為你的強大而改變，你值得選擇能夠讓你感到安心、被尊重且能讓你成長的愛情，而不是一次次委屈自己去討好對方。只有當你懂得照顧自己的內心，才能更從容的面對所有挑戰，並吸引到真正懂你的人。

習慣性自我批判，自信低落

在我諮詢過上百位女生的過程中，發現許多人習慣在心裡對自己挑剔，或是對自己的外貌、表現或內在感到不滿足，甚至總是拿自己和別的女生比較，把其他人當成假想敵人，然而，這樣的自我批判或比較，只會讓自己感覺更不被愛，加重挫折沮喪和不安。

要如何停止批評自己？首先要意識到這種負面自我對話的存在，並且學會將它轉化為積極的自我肯定，同時，要學會接受自己的不完美和缺點，接受自己的獨特性和特質，才能與自己和解，建立自我價值感。

我們的內心可能常會用一些負面的話形容自己，例如：「我好廢」「我好爛」「我怎麼這麼沒用」「我真是個魯蛇」「我沒人愛」「沒有人要我」「我不值得被愛」「我好醜」「我好笨」「我好胖」「我好丟臉」「我配不上」「我好窮」「我賺得不夠多」……等等，這些字眼看起來很赤裸，但實際上卻在你的潛意識反覆出現。

如果你正陷入這樣的負能量深淵，我想邀請你在一個安靜、安全的環境中，獨自靜下心，關上所有外界可能干擾你的手機、電視、音樂等等，在這段完全屬於你的時空中，**你是這個世界上最重要的人，**沒有人可以打擾你，請你開始聆聽自己內心的聲音，把內心這些「有毒的」話語寫下來，把內心聽到最不堪的自我貶抑和刻薄批評統統寫出來，並且試問自己以下問題：

◆ **我是誰？我是什麼樣的人？**

→回答這個問題時可以考慮自己的核心價值、個性特質、興趣專長、長處和短處。也可以思考身邊哪些身分角色（如朋友、家人、同事上司）對你影響深刻。

◆ **我喜歡我自己嗎？為什麼？**

→思考你欣賞自己哪些特質、成就或經歷。這也能幫助你發掘哪些行為或特質能讓你更接近理想中的自己。

◆ **我不喜歡自己什麼地方？為什麼？**

→面對不喜歡的部分也需要勇氣，可以列出來並深入思考這些地方是否真的全面定義了自己，是否還有改變的空間？這樣的探索可以成為改變的起點。

◆ **我對自己的外貌和身體感到滿意嗎？**

↓可以評估你對自己外貌和身材的滿意度，並思考這些評斷依據從何而來。你可能會發現自己其實是受到外界標準影響，這樣的覺察能幫助你更自在地看待自己的獨特之處。

◆ **我對自己的行為和表現有什麼感受？**

↓回顧自己在各種情境中的行為和表現，並評估哪些部分你感到滿意，哪些部分你想要改進？這樣可以幫助你理解自己的行為模式並找到成長的方向。

◆ **我在人際關係中扮演什麼角色？**

↓你可以思考自己在不同關係中的角色，是支持者、引導者還是傾聽者？進而讓你更清楚如何建立與人互相支持的良好關係。

◆ **我對自己的期待和信念是什麼？**

↓列出對自己的期待，以及相信什麼是最重要的價值。這些信念可能來自於成長過程或人生經驗，意識到它們的存在，可以幫助你釐清自己的行動動機。

◆ **我最害怕什麼事情？**

↓這個問題可以幫助你深入探索內心的恐懼，無論是失敗、孤獨或其他情緒。了解自己的恐懼能幫助你找到面對它們的力量。

◆ **我在什麼時候感到最有自信？是什麼讓我感到自信？**

↓思考在什麼情境下或達成了什麼成就時，會讓你對自己感到滿意和肯定。這可以幫助你找出支撐自信的來源。

◆ **我最想成為什麼樣的人？為什麼？**

↓想像未來理想中的自己，描繪這個目標會如何激勵你朝這個方向成長，也幫助你確立具體的目標。

以上問題，可以更深入挖掘和了解自己的內心世界，反思自己的價值觀，如果出現負面的答案，也請不要畏懼，對著鏡子告訴自己「沒關係，我不可怕」。接下來，我們要「打碎」這些毒藥，你可以拿出一隻黑色奇異筆，把前面列出來、關於負面的文字全部塗黑，此時可能會有很多情緒，或者非常憤怒，這都是正常的，塗黑象徵你對過去的自己說再見，現在，你要迎接的是嶄新的自己！你不再是過去那個負能量爆棚的人，而是一個「全新的你」。

最後，你可以試著對著鏡子，把所有關於負面的批評全部轉換成正面的說法，例如：「我不廢」「我很有用」「我有人愛」「我很棒」「我很漂亮」「我值得被愛」「我很努力」……每當你感到憤怒或是沮喪的時候，可以反覆做這個練習，我相信你一定會越來越好，越來越有自信，並且擁有愛自己的能力。每個人都會有負面情緒和負面思考的時候，關鍵在於如何處理和轉化，以更健康、積極、有愛的方式面對。

當你學會愛自己時，也更容易與人建立健康、平衡的關係，不會過度依賴別人來填補自己的空虛，且更有能力表達想法和感受，自然能吸引到欣賞且尊重你的伴侶，進而更自主地維護這份幸福感。

內心住著心魔，缺乏安全感

缺乏安全感的人往往容易情緒波動，他們時常感到焦慮，對生活中的變化時常感到不安，對未知的事物感到恐懼，往往會將別人的行為和評價放大解讀、對號入座。不斷的懷疑自己的能力和價值、缺乏自信，過度依賴外部的支持和肯定，希望從他人獲得安全感和價值感，如果對方沒有做到你想要做的事情，就認為他不尊重你，甚至不喜歡你，因此延伸出許多後遺症像是：過度依賴、害怕被拒絕、擔心被遺棄、過度保護自己等等。譬如說，當伴侶忘了在約定時間打電話，他們便會過度反應，擔心對方不在乎自己，甚至懷疑是不是自己不夠好，無法讓對方全心全意地對待。長期下來，這樣的思維和行為模式會使他們在人際和情感中無法放鬆自如，造成壓力畏縮，也無法真正享受親密關係帶來的幸福感。

相對的，有安全感的人，如同「擁有愛情自主權的女生」，對於外界的反應不容易與自我價值產生連結，他們通常擁有較穩定的自我評價系統，能夠冷靜面對挑戰，也不容易受到他人的情緒影響，進而獲得內在的穩定和平和。這些人能夠坦然地嘗試新事物，相信自己能克服挑戰，對生活擁有更高的自主權和掌控感。即使面對失敗或批評時也不會輕易動搖，因為他們明白自己的價值，不會因外界的看法就輕易改變自我認知。

安全感可以分為外在及內在的面向。外在安全感來自他人或環境，例如穩定的家庭支持或牢靠的朋友關係；而內在安全感則需要自己逐步建立，從根本上提升自我價值的認同。找到安全感來源至關重要，因為這將是支撐自我價值的重要支柱。

建立安全感可以從以下六個面向著手：

提升自我價值

自我價值是對自我看法的核心，關乎我們對自身能力、特點、優點和成就的認知。你是怎麼看待自己的？你覺得自己是個怎麼樣的人？你想成為怎麼樣的人？你喜歡什麼樣的外表？你喜歡什麼樣的內在？你現在的樣子符合你喜歡的樣子嗎？如果你能夠讓自己「真實」的樣子和「理想中」的樣子越來越接近，自我價值的評價就會越來越高，當你越滿意自己的樣子，散發出來的磁場也會跟以往不同。

很多人總是不滿意自己，對自己要求嚴格、追求完美，反而因此陷入自我懷疑的無限輪迴。我的諮詢個案Alice就是典型的例子，她在職場表現出色、屢屢獲得肯定，但每次只要不小心犯一點小失誤，就會放大這些錯誤，開始質疑自己的能力。有一次在工作會議上，她的建議被否決，Alice徹夜反思，覺得自己是不是在公司失去了價值，甚至對未來產生懷疑。經過和我長期一對一的諮詢後，我們一步一步的剖析，究竟她的不安全感從何而來？後來她發現，每次只要犯錯的時候，腦海裡就會浮現小時候媽媽對她的嚴厲斥責，但是她並不希望自己活在兒時陰影裡，也慢慢學會接納自己的缺點，欣賞自己的優點，逐步建立正向循環，就算偶爾失敗也不再懷疑人生，因為**想要感受到真正的安全感，就要從接受自己的不完美開始。**

清理人際關係

人際關係指的是與他人之間的互動和交流，涵蓋了家庭、友誼、愛情、職場等各種關係。良好的人際關係對於個人的情緒健康、幸福感和生活品質有重要的影響，現在在你生命中戲份較重的人有誰？哪些人是你真正喜歡的？哪些人你其實和他相處很辛苦？勇敢地做一次「人際斷捨離」，讓生活中只留下那些你真正在意的人，真正會支持你、相信你、愛你、願意為了你好和你講真話的人，這些人才值得你費心和關注。

許多個案經過我的諮詢後，我也會邀請他們進行人際斷捨離，在每一次斷捨離之後，他們逐漸感受到內心的平靜。有些人開始發現自己曾經和一群喜歡批評和消極負面的朋友在一起，因此對自己也產生質疑，當他們下定決心遠離這些「毒朋友」，開始接近那些真正支持、理解和鼓勵他們的朋友時，不僅內心變得平靜，也更加信任自己。**人際段捨離第一步，就是和不能為自己生命加分甚至扣分的人保持安全距離，**如此一來就可以建立一套健康舒適的社交系統。

想要擁有良好的交友圈，也要學會正向的溝通模式，尊重他人感受、需求和觀點，避免批評指責，敞開心胸的分享喜悅和悲傷、遵守承諾，並且在他人遇到困難時給予支援和鼓勵。

還有一個我認為最重要的關鍵是，大方表達對他人的感謝和讚美。我總是習慣用正面的角度看事情，肯定別人的價值，因此可以創造許多正面和積極的互動與氛圍，進而讓我跟許多人都可以輕鬆建立關係。

很多人誤以為只要不是形單影隻，擁有另一半好像就不會孤單，就能產生安全感，也符合社會期待。但事實上如果你卡在一個複雜、不忠誠、若即若離或是進退兩難的感情瓶頸中，內心的無助反而比單身還要強烈。如果另一半不但不能為你的生命加值，還讓你徒增困擾或負擔，反而會更沒有安全感。兩個人的寂寞比單身的孤單更具殺傷力，如果你正處於這樣的困境，請認真思考是否要勇敢放手，放生對方的同時也是放飛自我。

保持身心健康

接受自己的外在形象和身心狀態，不因外界的標準或評價動搖，並且積極照顧和維護身心健康，也是安全感的來源之一。

在現代社會中，人們越來越能欣賞和擁抱每個人不同的多元性，「美」的標準不再只是唯一的樣貌，況且許多不同國家的文化，對於不同體態也有不同的審美觀定意，不需執著於某種美感認同。從身心健康建立安全感的方法包括：

- **自我接納與信任**：接受自己的身體特徵和外貌，不與他人無意義的比較。
- **維護與關注健康**：積極追求健康的生活，包括適當的飲食、運動和休息。
- **積極塑造形象**：選擇適合自己的衣著和造型提升自信，並意識到外表不是唯一的標準。
- **掌握身體自主權**：保護自己的身體界線和需求，積極表達和捍衛自己身體的權利。

追求經濟獨立

金錢不僅是生存的保障，更是支撐我們自我實現和生活選擇的墊腳石，多半時候也是攸關我們快不快樂的重要因素，經濟獨立是建立安全感不可或缺的條件，當有人打壓你、不尊重你時，你可以有骨氣地說：「老娘不幹了！」當你內心有這樣的底氣時，舉手投足自然會讓人不敢無視你，同時，你還需要與金錢建立健康的互動，如果一味用金錢衡量一切，很容易導致有錢沒錢都不快樂的狀態。

許多人非常在意外界對自己的看法，並且總是透過外在有形及無形的條件強化自己的安全感，「誤以為」自己是個有安全感的人，但是當這些條件不見或是被剝奪時，不安全感又會現形，這並不是真正發自內心的安全感，只是暫時安撫自己焦慮的障眼法之一，例如：購買很多昂貴的精品，希望讓人以為自己是個有經濟實力的人。

人都有一定程度的虛榮心，但究竟是正常的虛榮心，還是因為內心空虛而需要這些來滿足自己或社會期待，這就是每個人自身的選擇並且需要思考的。盲目滿足物欲，並不會讓人真正打從心底開心，或是真正感到自信，因為世界上總會有比你更富有更炫富的人，用金錢的數字去衡量每個人的「價值」，只會陷入比較的迴圈與精神內耗，真正的安全感，不需要靠物質證明，而金錢只是支持夢想的工具。

相較之下，**若一個人對未來的職涯發展有踏實感與掌控權，才會更有自信，進而帶來安全感。**每個人對自己的職涯願景都不一樣，有些人只想要一份穩定的工作，有些人想挑戰創業，無論如何，最重要的還是選擇自己想走的路，而不是別人指引，或是社會上定義為「正確」的路。

在有能力經濟獨立養活自己的前提下，我都鼓勵所有人盡可能嘗試走自己的路，不論成敗，一定會獲得現在無法想像的寶貴經驗，當然，如果成功實現夢想，就絕對能建立職涯的安全感。

母愛氾濫，自以為能拯救對方

有些女生天生母愛氾濫，看到很多不好的男生，或是聽到他曾經被背叛、從小不被愛的不幸遭遇便心生憐憫，聖母上身，背負想拯救這個殘缺靈魂的使命感。我曾經和一個從小爸媽失和的「刺青男」約會，他對我非常好，會準備有趣又甜蜜的約會，帶我去溜冰、野餐和浪漫的餐廳，第二次約會時他說想當我的男朋友，但因為認識的時間不夠長，我希望可以拉長時間觀察他。在約會過程中，我知道刺青男對於母親及婚姻的排斥，因為他有個不負責任的媽媽，每每聽到他的故事總讓我感到不捨。

和對方約會幾個月後，他總是主動聯繫我，也總是細心照顧我，我漸漸開始相信他、喜歡上他，正當我內心覺得似乎可以準備和他在一起時，刺青男消失了！他開始用工作繁忙當作理由，當時我知道他的公司的確有些棘手的事情需要處理，但是當他繼續對我忽冷忽熱進入第二週時，我就知道要放生這個人了，從此就沒了聯繫。

學會放手不容易，尤其當對方曾經對你很好時，你很難想像他怎麼可以在一夕之間突然變了一個人，你可能會感到焦慮、不解、甚至懷疑自己，但是當你打從心底知道自己值得一個始終如一、不會忽冷忽熱若即若離的人時，暫時放手的失落與不捨就不算什麼了。我收回了對這個人的期待，訂了機票自己出國旅行，把精神專注在工作上，很快就滿血復活了。大約六個月之後，刺青男竟然又出現了，他向我道歉，說他正在接受心理諮商。每個人都有自己的人生課題，但是我不允許一個人這樣想出現的時候就出現、想消失就消失來去自如，這對我來說是極度不成熟的行為，他以為我這裡是便利商店嗎？

六個月過去我早已不對這個人抱持任何期待，也不覺得這樣的人值得我繼續付出，（什麼樣的男人值得我們付出？在PART4的章節會詳細說明）面對這種沒來由登出又突然冒出來的男生，如果是母愛氾濫的女孩很容易心軟，醒醒吧！不要覺得你可以拯救他，你不是他的媽媽！很多男生不一定是本性壞，可能是原生家庭創傷導致性格扭曲，就可能在有意或無意的情況下利用對方的善良無限索取關注、憐愛，甚至金錢等等。此時若不理性停損，就很有可能在不值得的人身上虛擲光陰。自己的創傷只能自己療傷，不是所有人都值得你花時間付出和拯救，尤其是自私的男生，能閃多遠就躲多遠！請把你的善良用在值得的人身上。

動不動就「暈船」，腦補戀愛小劇場

「暈船」常常不是因為對方真的「對你有多好」，而是你自以為「他有多好」。

例如對方若相貌堂堂、有不錯的工作，你就有可能不由自主地覺得他一定很好，並且腦補跟他在一起，你一定也會很好，但實際上這完全是你自己的幻想。

容易暈船的女孩們，請時時將注意力放在「當下」，而不是你的「幻想」中，當對方「當下」沒有持續和你保持聯絡、「當下」總是對你忽冷忽熱、「當下」總是不為這段感情做任何付出時，這些「當下」才是你真實經歷的，也不用妄想「未來的他」會更好，請不要再癡癡盼望腦海裡的小劇場會依照你的劇本上演，**眼見為憑，當下才是事實**。

當然，也是有人「有心」掀風作浪讓你暈船，或無意識地吹皺一池春水擾亂你的思緒，對方可能真的對你有好感，所以表現出像是情侶的親密行為，但是卻無法給出任何承諾，有可能他只是在追求新鮮感，或是他其實並沒有那麼喜歡你，也有可能他根本不知道自己要什麼，但是當對方一旦發現你可能認真起來，就會停止與你接觸。

以前我曾經覺得這樣的男生都是渣男，專門欺騙女生感情，其實換個角度想，對方並沒有做錯什麼事情，他們才是「活在當下」的人，做出當下受欲望驅使的行為，當他們發現你和他們追求的並不一樣時，就自動淡出你的生命，其實，這何嘗不是一種「善意」的選擇呢?!我們只需要理性判斷，評估對方現在的狀態適不適合自己，才能做出對自己最好的選擇。如果你不是能夠接受「隨興關係」的人，千萬不要逞強去改變自己迎合別人，搞得自己失魂落魄。如果你還無法確定對方真正的心意，也請不要輕易腦補自己的小劇場，最後換來遍體鱗傷。

我也曾經暈船過，所以非常了解很多時候戀愛腦真的不是故意的，而是太傻太天真，太容易相信對方說的話，便腦波很弱地陷入自己的粉紅濾鏡中。現在的我，在交往前互相認識的過程中，**只相信男人表現出來的行為，不輕易相信他們說的話。**他們必須一次次地用行動證實自己是個說到做到、言行合一的人，我才會慢慢累積對他的信任並投入對他的感情，如果對方總是信口開河地開一堆空頭支票，我就會認定他只是一張績效很差的股票，自然不會投資任何時間心力在他身上。**想如此理性的評估對象並不容易，首先必須有良好的預期心態管理，當對方「不是」你的另一半時，就「不要」把他當成你的另外一半。**不論對方說什麼甜言蜜語或是做什麼體貼入微的事，你們都還不是情侶！也無須抱持錯誤期待。

我總是會抱持 We will see（讓我看看）的心態來評估對方，當對方說喜歡你，We will see；對方說覺得你很適合當另一半，We will see；對方說下禮拜一起出去玩，We will see。除非對方真的**用行動證明他不只是說說而已**，否則你都可以把他們的話視為那些總是應付你的人在說：「下次再約哦！」但是從來不會真的主動約你。不抱預期心態去看待感情，可以讓你保持理性思考的同時又可以享受當下戀愛的感覺，如果發現對方真的只是在浪費你的時間，你隨時可以認賠殺出，繼續過著你精彩的單身生活，直到下一個潛在的交往對象出現。

常常在一對一諮詢中，會有個案問我**如何知道自己已經「從缺愛轉變到不缺**

愛」的狀態？首先，如果你覺得自己是個缺愛的人，請千萬不要責怪自己，喜歡被愛的感覺再正常不過，我會去反思自己在每段相處中，是不是已經盡力做到「當下」最理想的狀態？如果答案是肯定的，就不需要懊惱當時可以做得更好，因為人生無法重開機，但是我們能夠從中學到經驗及教訓，下次就能避免重蹈覆轍，也更能做自己，而不是去做別人期待的自己。

相反的，如果你的答案是否定的，也要反思為什麼沒有做到自認最理想的狀態？是因為沒用心？還是因為你不知道怎樣可以做得更好等等？接下來，就可以去釐清自己當下「哪裡做對了」？你喜歡自己在感情中是什麼模樣？例如你喜歡在男生面前展現自信？你喜歡展現細膩、體貼的一面？或是你喜歡勇敢的為自己發聲等等。找到並保留這些自己喜歡的樣子，肯定那個你欣賞的自己。

最後，去觀察你挑選的男生中，哪些特質是你喜歡的？哪些是你敬謝不敏的？並不是所有讓我們傷心的男生都是渣男，傷心難過也只是談戀愛伴隨的副作用，有時候對方明明已經和你說他沒有在找穩定的關係了，但是你卻自以為：「他可能只是說說吧！」或是「如果我表現得很好，他可能會改變心意吧！」這些都是我們在反思的過程中要誠實面對的。如果對方真的就是個擺明欺騙你感情的渣男，那就更不是你的問題了！

在這些不斷反思的過程中，我發現我對情感的掌握度越來越高，知道什麼時候該展現美好的一面，什麼時候該果斷收手不再無止境的內耗，我清楚的了解並**接受自己在感情中的好與不好，也相信能夠待在我身邊的男生有多麼幸運**，當我遇到不值得付出的對象時，可以自信的轉身離開，雖然這不代表我不會再為愛落淚，但我也打從心底認為自己值得一個好男人，因為我就是這樣一個美好的存在！

你的暈船症狀量表

1	還沒和他真正在一起，已經在思考你們的未來。
2	一直在刷對方IG限動，想確認他有沒有看到。
3	明知道他不是個好對象，卻還是很難抽離。
4	不敢在他面前展現真實的自己，擔心對方會不喜歡。
5	把對方的社群貼文從第一則滑到最後一則。
6	想知道對方有哪些異性朋友。
7	還沒真正在一起，卻用情侶的標準對待他。
8	拿彼此的星座去合盤，習慣性地狂看他的星座解析及運勢預測。
9	只要對方沒回訊息，心情就大受影響。
10	當朋友或家人質疑他是否適合時，你總是替他辯解。

如果你符合以上

- **0 ～ 3 項：** 你可能有些心動，心裡已經將對方看得比較特別，但情緒還能控制在合理範圍內。不過請小心，不要過度投入，把更多時間用來認識自己。

- **4 ～ 6 項：** 已有暈船的跡象！此時你可能很在意他的一舉一動，心情時常被他牽動。要提醒自己保持冷靜，思考自己真正的需求。

- **6 項以上：** 你很可能已經深陷其中，對方已盤據你的思緒、左右你的生活重心，並深深影響著你。這種情況下，更需要回歸自己的內心，反思這段感情是否健康、是否是你真正想要的。

如果你不希望自己總是一次次地暈船，生活和心情受人牽制，就必須把人生的主導權拿回來，不再幻想有人會來拯救你，或是有人能讓你的生活從麻雀變公主，你要成為自己人生中的公主，你才是自己生命中的女王！

Part. 4

一眼辨識「寶藏男」，
遠離「NG 男」

你可以鎖定目標的七大「寶藏男」

我常在Instagram和梅粉們像姐妹閨密般聊感情話題，大家也總是敞開心房大方分享自己最真實的想法，曾經做過問卷調查，詢問大家的理想擇偶條件，也收到超過千位女孩反饋自己是如何挑選伴侶的，其中超過百分之九十的女生，擇偶標準無外乎是：「工作穩定」「國立大學畢業」「年薪八十萬以上」「個性好」「幽默風趣」「有上進心」「有才華」「身高一七五以上尤佳」「近乎傲驕的自信」……等等。

但有趣的是，當我問大家在過往經驗中的分手原因是什麼？有超過五十％的人都回答「價值觀不合」，這其中的矛盾在於，既然有這麼多人都曾經歷過因價值觀不合而分手，為何不會在交往前先觀察彼此的價值觀是否契合呢？為什麼大部分人在擇偶時總是只看那些履歷表上顯而易見的條件，例如：學歷、收入、長相、身高等等，卻很少仔細評估對方的價值觀？

因此，我設計了一份「戀愛腦的狩獵指南×MATCH你的理想天菜」（有興趣的人可在我IG主頁找到），用這個學習單帶大家思考自己的價值觀、行為模式、生活習慣等等，用深度思考的角度分析、搜尋最佳伴侶，更理性找出自己的「理想型」。許多母胎單身或對愛迷惘的女孩，真的都透過學習單找到Mr. Right。每個人喜歡的伴侶特質都不同，我也分享一下自己在挑選對象時一定會注意的特徵，根據我的經驗，跟擁有這些特質的男生在一起，不僅能減少負擔，提高生活滿意度，感情生活也更如魚得水，身心愉快。以下即為我歸納出不可錯放的七種「寶藏男」：

誠實男

在我和不同國家、不同文化背景的男生相處的過程中，我發現「誠實」是一個非常基本標配卻又難能可貴的特質，不只是對你誠實，也要對他自己誠實，和誠實的人相處非常輕鬆，他不僅能坦誠表達自己想要的，同時也會坦承自身狀態，相對的，你也可以因此誠實表達自己的感受，用成熟大人的模式真實面對彼此。

但是為什麼要找到誠實的人越來越不容易？因為有些人會認為太誠實就得不

到他想要的，所以有所隱瞞。例如：一個沒準備好穩定關係的男生可能會認為，若老實跟你說，你就不會繼續跟他交往了，所以他可能會用較迂迴的方式和你溝通：「我很喜歡我們現在的相處方式」「我們享受當下就好」等等，就是不會誠實告訴你：「我還沒準備好」，如果你很清楚自己想要什麼樣的關係，在看到這些蛛絲馬跡時，請慎思還要不要繼續跟他交往。

穩定男

想要一段長期穩定的關係，絕對需要一個情緒穩定的另外一半，熱戀期每天開開心心非常容易，但在此同時更需要觀察對方面對爭執或壓力等負面情緒時怎麼處理？以及怎麼與你相處？是以穩定的情緒和理性的態度對你，還是會用生氣、煩躁甚至冷暴力予以回應？如果是自己有錯在先，會不會主動道歉？在面對衝突及問題時，情緒穩定是讓彼此有機會進一步良性溝通且能共同面對、解決問題的基礎，反之，就會因為情緒不當表達而讓爭執越演越烈、火上添油，或者歪樓失焦，對於相處互動及關係經營上都不會是長久之計喔！

積極男

許多男生的成就感來自於自認為是一個「有用的人」，不管是對另一半、家庭或對社會付出貢獻等等，這些都可能是男生的成就感來源。但是女生可能常忽略的重點是，這些行動要是男生自己「主動」的，而不是因為被指使、被操控、被碎念後被動的表現，所以，若懂得欣賞甘之如飴為你付出的男人，就能創造出讓雙方都感到滿足且幸福指數很高的浪漫關係。

首先，你必須先找到樂於付出的男生，有些男生特別自私，只希望單方面接受別人對他好，享受別人為他服務，卻不願花心思在別人身上，這種男生不論你多會引導，都是對牛彈琴徒勞無功，因為他打從心底不願意為這段關係付出，如此一來，你在這段失衡不對等的關係中也會特別辛苦。

如何觀察他是不是樂於付出的男生？可以大致從與他相處的過程中，從細微處察覺對方是否曾為你付出**有品質的時間**、**金錢或實質行動**？

◆ **有品質的時間：**他會不會在有限的個人時間中，撥出**「精華時段」**和你相處？假如是週一到週五工作的上班族，週休二日可能就是他的精華時段，相反的，如果他跟你見面都只在他自己方便的時間，或是只在晚上八到九點以後才約你見面，或總是臨時發你通告，問你晚上要見面嗎？等等要見面嗎？這些其實都不是他的精華時段，而是他忙其他事之餘的「零碎時間」，只是順便剛好而已。

◈**金錢：**如果你們正在發展浪漫戀情，把對方當作正式交往的對象，對方會不會為你付出金錢？會不會買禮物送你？會不會花錢製造驚喜等等。相反的，如果凡事都和你斤斤計較，即使付出金錢後也會期待得到相對的或任何形式的回報，這樣的男生只是把金錢當作情感交易的籌碼，並不是因為真的喜歡你而付出。

此外，男生的經濟能力當然也會影響他付出金錢的意願和程度，此時就要理智判斷他付出金錢背後的用心程度，如果一個二十五歲出社會不久，也非浪費成性的普通男生，願意花三分之一的薪水買禮物、帶你享受不一樣的生活體驗，除非家境富裕或是富二代，他願意花錢在你身上，應該也不至於是隨便待你。如果一個三十五歲有經濟能力的男生，就算每次出門出手都很大方，也不一定代表他對你是真心真意。

實質行動：這也是男生為你服務的形式之一，他會付出行動希望你的生活更輕鬆或更安全，例如：主動接送、幫你修繕東西、幫你解決問題等等。不過還是要注意，以上行為也不見得代表他一定對你有發展戀愛關係的意圖，有可能他就只是人好，或者覺得你真的需要幫忙而已。

領袖男

你是否曾遇過以下狀況：吃飯時間到了，兩人不知道要吃什麼，你問他：「要吃什麼？」他說：「隨便」，他再問妳：「要吃什麼？」你說：「不知道」。兩個人這樣的對話大約進行了五分鐘，最後還是沒有結論，其實，由此可知，這就是典型與缺少領導力的男生相處的日常。

生活中許多大小事都需要抉擇，男女相處也很難避免為此產生矛盾和爭執，男生女生各有所長，在意的點不一樣，能夠領導的部分也不一樣，但領袖男絕不等於霸道總裁，畢竟，許多優秀的女生其實也擁有很強的領導力，此時，身為一個優質領袖男，知道自己要什麼，也了解另外一半的喜好及習慣，懂得「投其所好」或

「趨吉避凶」，為了提升你的生活品質、減輕你的生活負擔，他會尊重你並做出對兩個人最好的選擇，切記，是在尊重你的前提下，而不是只在乎他自己想要什麼單方面的決策，遇到這樣有主見又不失分寸的男生，人生會輕鬆很多，但如果他的領導方向不是你要的，也要明確表達並試著溝通，兩個人才能凝聚共識達到最佳默契，就像跳華爾滋一般，女方配合男方巧妙的舞步及手勢引導，兩人就能舞出曼妙。

自律男

對於優質的男生來說，漂亮女生並不稀缺，有非常多女生都在觀望覬覦甚至主動靠近，所以優質男身邊的誘惑會比「普信男」高出許多，此時自律就是不可或缺的條件，也是決勝關鍵。多數時候不是男生太脆弱，而是外面充滿誘惑，不自律的男生不論顏值多高、事業多成功，都不是適合穩定交往的對象。

如何判斷他是不是自律的人？可以從他的生活細節看出端倪，例如：他是不是為了保持體態而有固定運動的習慣？他是不是為了健康，可以克制自己少吃垃圾食物？他是不是能拒絕非必要的社交場合？在酒精催化下，他是不是還能保持風度和界線尊重女生？這些都是自律的特徵。如果遇到不自律的男生，即使女生緊迫盯人時刻監控，也很難維繫健康長久的關係。

上進男

擁有成長型思維、有上進心的男生，不需要你當老媽子跟在後面不斷催促他長大或長進，他內建自動更新系統，隨著人生歷練不斷成長，對自己有要求、有執著，永遠都會追求更好的自己，和這樣的另一半在一起，生活充滿驚喜，永遠不無聊，但前提是，你也必須跟著一起成長，不然兩個人很容易因為腳步不一致、不合拍，一個不斷前進而另一個仍停在原地，造成關係漸行漸遠，或者累積歧見、不滿，產生誤解爭執，導致無法繼續走下去。一段關係的經營，需要雙方共同成長，而非互相牽制或停滯不前，日後才經得起考驗。

智慧男

智慧是優質男不可或缺的特質，不論學歷、收入、外表多優異，若缺少智慧，就像珍珠奶茶少了珍珠、有充電線卻少了插頭一樣，死不了但也行不通！跟有智慧的人相處，不僅能提升自己，也會為生活增加許多樂趣及潤滑劑。

有智慧的男生有以下特點：

- 能夠接受別人的不一樣，也不會因為別人的不一樣而感到生氣或被冒犯，甚至會用不同的角度去欣賞別人。
- 對身邊的人有同理心，能夠站在對方的立場感同身受。
- 對身邊的人事物感到好奇，總是想要了解或學習新事物。
- 自我意識高，了解自己的個性及特質，不論是好的或不好的。
- 懂得聆聽且善於溝通。

智慧需要長時間的自我覺察和生活經驗、人生歷練的累積，高情商及高EQ也是，有智慧的男生絕對是戀愛市場上可遇不可求的搶手貨，遇到這樣的男生，請務必快狠準好好把握！

嗶嗶，快逃！秒識五大「NG男」

很多女生可能因為經驗不多，認識的男生也很少，身邊又缺少情侶典範，所以無從分辨男生優劣好壞，談戀愛時也無從判斷自己有沒有被好好對待？分不清相處中的眉眉角角，什麼是磨合、什麼又是不適合？根據我閱人無數的經驗，以下歸納出五大常見但可以趁早請他「慢走不送」的男生。

無料男

有些女生非常害怕孤單，或是從來沒有人真心對她好過，好不容易遇到一個男生願意在她生命中停留，就捨不得把手放開。哪怕這個男生毫不起眼、無一可取之處，甚至根本不尊重她、對她不忠，還是不肯離開甚至甘願當小三，只為了留住這個男生，這樣的對象比「食之無味，棄之可惜」的「雞肋男」更不值得留戀，如果你甘願被這樣虧待，慎重邀請你反覆練習PART2章節中「自身缺愛，習慣討愛」的自我「補愛」方法，重新建立自己的自我評價系統，才不會繼續屈就於那些一無是處、根本不值得你愛的男生。

消極男

如果有男生跟你說：「我還沒準備好」，請你相信他，他真的還沒準備好！然後離開他。許多女生以為只要自己夠好，只要展現出自己是多好的女生，對方就會為之動容、為你改變。一段健康穩定的愛情，需要兩個人百分之百的認定對方並用心經營，如果其中一個人覺得自己還沒準備好，哪怕你說服他和你進入一段關係，也只是在硬拖著一個不想待在那裡的人，終究還是會以失敗收場。

曖昧男

在約會過程中，彼此都在評估對方是否適合成為「另一半」是很正常的，但如果你遇到的對象從來不願意給你正面答案，或是只要一談到有關承諾、交往等關鍵字時，就會把話題岔開閃爍其詞，建議你謹慎評估是否要繼續跟他約會，很有可能對方只是在找玩伴或者根本沒有想要定下來，一段互相承諾、尊重的愛情也許不是他目前想要的。

傲慢男

尊重是很重要但又很難被量化的東西，挑選一個能尊重自己的對象，絕對不能輕忽。尊重也是待人處事的內涵，當一個人願意尊重你，你們的身分才是「平等」的，而不是誰一定要聽誰的，或是誰一定是對的。一般的情況下，約會對象通常不會直接表現出不尊重你的態度對你無禮，因為這樣可能馬上就玩完了，出去一次之後誰還要跟他在一起，所以多半會對你稍微隱藏或克制一下，但是你可以觀察對方對於那些「不一定」要尊重的人是什麼態度？例如：服務生、店員、司機等等，如果他對這些人沒有禮貌甚至不屑一顧，就要小心如果有一天你遇到困難，讓他失去耐性或理智斷線時，他也有可能不會尊重你甚至落井下石。

虛偽男

女生常常因為心很軟，只要聽到有人對她說：「你值得更好的人」或是「我配不上你」這類的話，她們的聖母情節就會立刻上身，激發她們母愛大爆發，反過來想要鼓勵對方「你很好！」甚至心想：「不是你配不上我，是我不夠好！」如果有男生這樣對你說，他就是擺明在告訴你「我會傷害你」「我其實沒有那麼愛你」，請你相信他的話，他真的配不上你，不要白費力氣傻傻對他加油打氣或自我反省，快逃！以免歹戲拖棚夜長夢多！

「寶藏男」評分量表

女生常把注意力放在男生身上，卻忘記審視男生對待自己的方式，此量表可以幫助你檢視有興趣的對象，究竟是不是會對你好的男生。

1	他會積極了解你的生活、想法和目標，主動詢問你的近況並傾聽你的回答。
2	當你們在一起時，他會專注在你身上，不會頻繁查看手機或手錶，專心地與你互動。
3	他細心地關心你的情緒變化，並會主動安慰你，在合理的情況下調整他的行為來配合你的需求。
4	他會記得你提過的事情，例如你的喜好、目標、重要日子或生活中的小事，並會適時提起主動關心。
5	他不會只等著你主動聯絡，而是經常主動聯絡你、邀約見面，並持續保持熱絡的互動。
6	他會主動讓你了解他的生活、背景、想法、經歷，並且願意分享他的喜怒哀樂，而不是刻意若即若離或保持安全距離。
7	他願意為你們的相處花心思，主動計畫你們的活動或約會，而非把所有事情交由你決定或規劃。
8	當你遇到困難或需要幫助時，他會主動伸出援手或提供建議，展現他的支持與關心。
9	他會尊重你的身體和心理界線，不會讓你感到不舒服或被逼迫，並且願意在你不想做的事上妥協。
10	他會尊重並支持你的目標和夢想，無論是個人生涯規劃或職涯發展，會在你追夢時提供鼓勵而非阻礙。

如果你的潛在交往對象符合以上

- **0 ～ 2 項：** 他在這段關係中並未真正投入，對你的好感也尚未起步，甚至缺乏對你的尊重或重視。建議你慎重考慮是否繼續投入更多情感或時間在這段關係上。

- **3 ～ 4 項：** 他對你的投入可能僅限於表面，尚未達到真正用心經營關係的程度。如果你希望進一步發展，或許需要更多的溝通來確認彼此的期待。

- **5 ～ 7 項：** 對方展現出一定的誠意，對你的關心和投入也超過基本門檻，但還有需要觀察、保留和調適的空間，可以繼續觀察他的穩定性與一致性再進一步決定。

- **8 ～ 10 項：** 這個人對你表現出高度關心、尊重與支持，並且真心願意為你們的關係努力，是值得認真交往的對象。

就算以上10項都符合，也不一定代表他「一定」是好男人，或者百分百想跟你認真交往，他只是值得你列入觀察的潛力股，畢竟我們不知道每個人正在面臨什麼，心境也會改變，但是如果他沒有符合3項以上，通常也不太需要對他太認真放感情。

Part 5

交友軟體「挖寶」攻略

社群平台等現代社交媒介，不僅讓我們認識交友圈之外的人，交友軟體也是現在男女常用來尋愛的管道之一，但也因為只要一機在手，每個人都可以有成千上百個「戀愛候選人」等著我們去開發，由於交友軟體上會有各種完全超出自己同溫層的人，請千萬謹慎使用，不要為了急於找對象，錯估不適合的人甚至被騙，所以學會用健康理性的心態使用交友軟體，是現代男女絕對不可或缺的技能。

尋找真愛要靠平常心

在交友軟體上必須**保持平常心，才能避免「暈船」**，許多人會與某些人進行頻繁聊天，感覺彼此已經建立某種深厚的情感連結，甚至可能還沒見面就已經對對方產生濃厚的感情，這就是所謂的「暈船」，在這種情況下，保持平常心至關重要。

交友軟體讓我們接觸到不同生活圈、各種文化背景等成千上百個人，其中有些是真心實意尋找伴侶，也有些可能只是抱著消遣玩玩的心態，甚至居心不良的也大有人在。因此，在這個真真假假的虛擬情境中，更需要謹慎對待，保護自己。還沒與對方見面前，不要讓自己陷入過多的幻想和期待，我通常會抱持「可有可無」的心態，這並不是說要對所有人都冷漠疏遠，而是要保持理智，避免過早投入過多情感，讓自己處於被動的狀態。

此外，對於交友軟體上的互動內容，也要保持適度的懷疑。即使感覺對方說的話和展現的形象與自己理想中的伴侶十分吻合，也不要過度相信，因為在網路世界中，每個人都可能經過修飾和包裝。見面前的互動僅僅是初步的了解，只有面對面接觸後才能真正了解對方的真實性格和意圖。

保持淡定，避免患得患失

在交友軟體上，很多男生的操作方式往往是快速掃過大量的照片，根本沒有仔細閱讀自我介紹或評估對方的真實情況。他們可能會先把照片滑到右邊，再篩選可能的候選人。這種操作方式導致女生在交友軟體上的配對率看起來非常高，可能會讓很多女生誤以為自己行情很好，擁有很多選擇的錯覺，然而，這種高配對率往往掩蓋了事實真相：在這些配對的男生中，實際上適合長期交往的可能性並不高，甚至可能有八十%以上的人並不是真正適合你。因此，當你在交友軟體上遇到這些男生時，如果還沒見面就把他們視為未來男友，很容易導致認知上的巨大落差，產生強烈的得失心，進而對生活各方面造成負面影響。得失心太重會讓你在互動時過於在意對方的回應和態度，無法保持冷靜理性和平常心，陷入患得患失的情緒中。

為了避免這種情況發生，我們需要學會控制自己的情感，不要過早對素未謀面的人抱有過高的期望，而是應該冷靜分析對方的言行，並在見面後再決定是否值得進一步發展關係。**真正想發展關係的人一定會想跟你見面！**網路聊天只能提供初步的了解，無法代替真實世界中的互動。因此，如果對方在網路上與你長時間保持聯繫，甚至每天都主動問候和關心你的生活，但卻遲遲不提見面，就應該有所警覺，這可能意味著他並不想認真對待這段關係。

還有一種情況是，對方在網路上對你表現得非常殷勤，說了很多甜言蜜語，甚至對你承諾了許多未來的美好計畫，即使如此也不要輕易相信，因為這些承諾不是基於真實接觸和了解的結果。如果你在這個過程中產生了情感依戀，認為自己已經找到了理想中的伴侶，那麼當對方突然取消配對或消失時，就會非常難以接受和失落。為了避免這種情況，我建議在見面前，一切僅供參考，保持冷靜和理智，繼續專注於自己的生活，即使見面後發現對方並不如你所想也不會過於失望，還能迅速調整心態，繼續尋找合適的對象。

謹慎談論金錢話題

交友軟體上的互動雖然有時看似真實，但畢竟還是發生在虛擬空間，當涉及金錢相關的話題時，必須保持高度謹慎。無論對方在網路上表現得多麼真誠，或者你們之間的互動看起來多麼有發展潛力，都不要輕易涉及金錢上的交集。如果對方在還沒見面時就提到任何與金錢相關的話題，比如借錢、投資或是金援等，都應該立刻提高警覺，不要被對方的花言巧語迷惑。有些人可能會以感情作為藉口，試圖從你這裡獲取金錢利益，這種行為在網路交友中並不罕見，因此，為了保護自己，無論情況多麼緊急或者對方的理由多麼合理，都不應該輕易答應與金錢相關的要求。

由於我曾有與許多不同國家的人相處甚至交往過，也造訪過許多國家，所以對外國人並沒有任何幻想或嚮往，也不認為外國人就特別優秀，對我來說，外國人也是人，也有好人壞人。我曾經在交友軟體上遇到一個住在加拿大的外籍男生，身處異地我們只能在線上用訊息、電話或視訊聯絡，雖然平時我非常不喜歡這種近似網友或筆友的互動模式，但這個男生總是告訴我，等他工作告一個段落會來台灣見我，我就姑且抱著平常心和他保持聯絡。

剛開始，這個男生就想了解我的經濟狀況，雖然我當時覺得奇怪，但之後他並沒有繼續詢問金錢相關問題，所以就這樣持續線上聯絡了幾個月，他不斷地告訴我覺得我是多特別的女孩，他一直想找像我這樣的長期伴侶，並告訴我他打算買房子，希望我可以搬到加拿大和他一起生活，甚至常常與我討論我搬到加拿大後可以做什麼等等。由於我有近親住加拿大，我的工作也不受限於地點，所以他說的這些對我而言是可行的，當我聽到這些美好的藍圖，多少是有些憧憬和期待的。

不過我的內心還是對他有所防衛，我認為一個男生在還沒見面之前就承諾那麼多事情不太尋常，我甚至在情人節時測試這個男生究竟是真是假，暗示他情人節快到了，不知道我會不會收到禮物？結果，他真的跨海網購了漂亮的花送我，我心想：也許他是認真的？不過我依舊抱持著留校察看的心情與他聯絡，在我們線上相處的過程中，他不斷明示暗示施壓，要我去申請加拿大打工簽證，我心想就算我跟這個男生沒有結果，有個簽證對我也沒有壞處，所以就真的去申請了，當時並沒有意識到，我這隻小白兔正要掉進大野狼的陷阱中。後來他陸續傳了房屋的銷售頁面給我，問我喜不喜歡？甚至告訴我，為了讓我搬去加拿大生活更方便自在，他有考慮附近的生活機能，幾週後他說房子買了，想要跟我討論未來該如何「經濟分配」，這也是這位白馬王子正要現出原形的開始。

我是一個界線明確的人，在那天通電話之前，我就已經想好萬一他提出一起負擔任何跟房屋相關的費用，我是不可能答應的，果然，在電話中他提到希望我支付房子的部分相關費用，我告訴他，如果我真的和他住在一起，我可以分擔生活的一般開銷，例如買菜、生活日用品等等，但是因為房子不是我的，所以我不認為我應該支付房屋的費用及其他支出。他說，我們的飲食習慣可能不一樣，所以超市購物應該要分開出錢，但是他希望我可以支付房屋的其他費用。我無法接受有男生想要跟我一起生活，卻要跟我分買菜錢?!於是我說出我的界線：「我不喜歡AA制的關係。」這個男生態度竟開始一百八十度大轉變，他的說話方式讓我感受到非常大的壓力，他認為我能夠因為他搬去加拿大是非常「划算」的選擇，他當初就是因為我的經濟狀況而選擇繼續跟我相處，而我竟然不想要跟他分攤房屋的費用，這讓他對我非常失望，他很快的掛斷電話並傳簡訊告訴我，他要重新思考「是否要讓我繼續待在台灣」。

我當時的第一個想法是：你以為我是寵物嗎？憑什麼認為你可以決定我應該要待在哪裡？就算我要搬去加拿大，也是因為我想，並不是因為你！所以這幾個月以來，他只是因為想要找一個可以分擔購屋資金的人，才選擇我?!當時我正旅居倫敦，心情的確有被這件事情影響，雖然當初也是抱持平常心，但是看到一個人戲劇性地人設翻車，還是非常震驚。

我告訴我的女性友人這件事，對方義憤填膺要我立刻封鎖這個男生，還說他會想要跨國在台灣找女友，就是因為他這個樣子在自己國家根本沒有人要！我聽了朋友的建議封鎖他，雖然當時內心非常疑惑及不舒服，不過實在非常感謝那位好友的勸說讓我懸崖勒馬，也慶幸我的原則和界線，保護我免於被這個人當成購屋分母。於是，我在倫敦繼續呼吸著自在的空氣，享受這座城市的迷人，世界很大，走出交友軟體，我還是可以在異國認識許多很棒的男生。

不知道那位男生後來是否也用同樣的方式繼續在交友軟體上以擇偶之名找「室友」，我也相信，絕對會有人以為釣到什麼金龜婿願意搬去海外生活，甚至接受另一半連買菜錢也要AA制，但那個人絕對不會是我！我認為能夠「逃」過這一劫的原因必須歸功於自己對於男生都是抱持著「可有可無」的心態（尤其在交友軟體上），如果對方不適合，二話不說甩頭就走！

如果你很難保持「可有可無」的淡定心態，或者容易被對方的話語打動，可以試著把對方當成AI人工智慧，幫助你更理性地看待網路上的互動，而不會投入過多情感，在你面臨危機時拉你一把。

自然美照勝過失真照「騙」

選擇交友軟體上的照片時，首要原則是放上好看且「真實」的照片。這裡所謂的好看並不一定是經過大幅修圖的照片，而是要能展現你真實樣貌的照片。適度美肌磨皮或是調整亮度，讓照片看起來更清晰和吸睛是可容許的，但若將美肌開到最大的失真修圖照「騙」反而會有反效果。

試想一下，當你與對方見面時，如果照片與本人差距過大，對方就會產生網購商品照與實品不符的落差感，因此，保持照片的真實性非常重要，這樣才能為你們的初次見面打下良好基礎。選擇照片時，身材也不必過度修飾。瘦不是美的唯一指標，事實上，很多男生喜歡有些肉感、抱起來有手感的身材，而不是骨感的紙片美女，你一定也能找到喜歡你原本樣子的那個人。所以，無論高矮胖瘦，都要自信地展示出最真實的樣貌體態，才能吸引到真正欣賞你的人。

除了精心挑選的自拍照，還可以考慮加入一些生活照，展示生活多采多姿的側寫，也能讓對方更全面地了解你。生活照可以包括你參加的各種活動、旅行，或者展示你的興趣愛好等，這些照片都能反映出你的個性和生活方式。例如，如果你是一個熱愛戶外活動的人，選擇在大自然拍攝的照片就能充分展現你的嗜好；如果你喜歡閱讀，可以放一張在書店或咖啡廳拍攝的靜態照片，這樣的場景能夠讓對方一眼就明白你的喜好和生活品味。

照片不僅僅是外貌的展示，更應該讓它來為你詮釋個人故事。想讓對方了解你的生活方式和價值觀，也可以透過不同的照片傳達出來。例如，我希望對方知道我是一個生活彈性大、能靜能動、熱愛旅行和戶外活動的人，同時也喜歡參加有質感的精品活動。所以，我可以放一張與巴黎鐵塔的合照，展示我對旅行的熱愛；放一張在海邊享受陽光的自拍照，展現我對戶外活動的熱情；再加上一張參加精品活動的照片，體現我的生活品味。這些照片比起在自我介紹中簡單寫一句「我熱愛旅行」更有說服力，也能夠讓人對我產生更具體的畫面感，**用照片講述自己的故事，更容易打動那些真正與你有共鳴的人。**

一「滑」識人，避免踩雷

在我多年使用交友軟體的經驗中，遇過各式各樣的男生，其中有些人成為了朋友，也有人和我發展成男友，當然也不乏「珍禽異獸」等級的男生出現。我從這些經歷中總結出交友軟體上的八大典型男生類別：

1. 認真尋找對象的人

這一類人與你在交友軟體上的目的相符，通常是認真想要尋找穩定的關係，最終發展成長期關係，甚至步入婚姻。這類型的人會認真看你的檔案，花時間與你交流，並且會希望盡快見面，進一步了解彼此。他們在言談舉止間表現出真誠和關心，會願意投入時間和精力來發展這段關係。他們是每個想要尋找穩定關係用戶的「終極目標」，但即便如此也不能對他掉以輕心，在決定見面或進一步發展關係前，一定要充分交流，確保對方的誠意和真實性。

2. 尚未準備好談戀愛的人

這一類人在交友軟體上很常見，可能剛結束一段感情，或者目前的生活狀態並不允許他們投入另一段新戀情，上交友軟體可能只是打發時間，或是因為孤單想找個人聊聊，但並沒有真的想要與誰認真交往。他們剛開始跟你聊天時往往非常熱情，很容易誤以為他對你有濃厚的興趣，但隨著時間推移，對方可能越來越不積極，甚至忽冷忽熱。面對這類人最好保持適當距離，避免投入過多感情，因為他們的意圖並不明確，難以承諾任何長期關係。

3. 想發生一夜情的人

這類型的男生辨識度很高，通常不會花太多時間在自我介紹上，而是單刀直入表現出對身體和外貌的關注。他們可能會很快地提出見面邀約，而且選擇的場所往往是酒吧或其他容易促成一夜情的地方。談話內容也比較直接，常常圍繞著性話題讓人感到不舒服。如果在交友軟體上遇到這類「獵人」最好果斷拒絕，不要浪費時間，保持冷靜直接表明立場，必要時終止交流，才能避免不必要的麻煩和傷害。

4. 已有另一半騎驢找馬的人

這類男生可能在現實生活中已經有伴侶，卻仍然在交友軟體上尋求刺激或其他情感連結。他們可能會隱瞞已婚或有女友的事實，甚至製造單身假象蒙騙他人。這些人通常表現得很有經驗，知道如何吸引你的注意並贏得信任，最終卻讓你陷入感情糾葛。與這類人交往往往會讓你處於騎虎難下的窘境。所以，在交友軟體上請保持警惕，注意對方是否刻意隱瞞個人訊息，在感覺不對勁時及時喊停閃退。

5. 抱持開放式關係的人

這類人會很明確地表示自己處於一個開放式關係中，他們可能已經有伴侶，但雙方都同意各自向外尋找其他情感或性關係。或許對於某些人來說可以接受這樣的模式，因為他們也在尋求類似的非專屬關係；然而，若對於希望尋找穩定一對一長期關係的人來說應該明確拒絕，並繼續尋找與你目標一致的對象，下一位，謝謝！

6. 剛失戀心靈空虛的人

這類人在交友軟體上很常見，可能剛經歷痛苦的分手，情緒尚未完全恢復，但又渴望找到新的人來填補空虛。他們通常會表現得很投入，甚至在短時間內給你很多關注，讓你感覺自己是特別的。然而，這些舉動很可能只是試圖擺脫為失戀所苦的方式，而不是真正對你感興趣。與這類人交往要特別小心，他們的情感狀態尚未穩定，可能會讓你在不知不覺中成為別人的戀情「替代品」或「安慰劑」。

7. 單方面討拍取暖的人

這類型的人在交友軟體上多半是尋求一種自我滿足，希望透過不斷與他人互動獲得關注和認可，但實際上並沒有真正想要發展一段感情。他們可能會經常傳訊息給你，讓你感覺自己很重要，但這些關注往往只是暫時的，當他們得到了足夠的關注後，便會突然冷卻淡出，甚至人間蒸發。與這類人「暈船」的風險特別大，因為他們的行為很容易讓你誤以為這段關係有發展潛力，但事實上對方並沒有認真對待你。要避免困擾，最好的方法就是在初期保持冷靜，不要輕易投入感情。

8. 以交友之名行詐騙之實的人

最後一類也最危險，就是詐騙集團。他們通常會假裝成單身好男人，花時間與你建立信任，並逐步套取你的個人資料，最終目的是騙取金錢或其他利益。這些人可能會用各種花言巧語來贏得芳心，甚至會花幾個月的時間對你噓寒問暖營造出一段「完美」的關係，然後在你完全放下戒心時開始行騙。切記，不要輕易相信網路上的陌生人，在對方提到任何與金錢相關的話題時，請提高警覺，這可能是一個詐騙的警訊，一不小心就會讓你人財兩失！

自我介紹有亮點，讓人更想認識你

自我介紹並沒有固定的撰寫格式和準則，每個人都可以根據自己的個性和目標創造獨特的簡介。例如，我和某任美國男友是在交友軟體認識的，當時我的自我介紹僅僅只有一句話："Someone you won't regret meeting!"（你不會後悔認識的人）。這句話簡單直白，有些人可能會覺得過於自戀或自大，但實際上，所有見過我的男生都一致認為這句話非常真實且貼切。因此，我認為自我介紹的關鍵在於，真實反映你的個性和吸引力，而不是遵循某種普世價值或世俗標準。

自我介紹是讓人一眼就能看到你的個性和特點的機會。與其寫那些每個人都會寫、千篇一律的罐頭內容，比如：星座、MBTI或人類圖等，不如直接寫出自己的身高體重三圍，或許對於直腸子的男生來說可能還比較具體、簡單明瞭。如果要用一句簡短有趣的話來展示自己的獨特之處，這句話不僅要能引起別人的興趣，還要能讓對方感受到你的真誠和個性。例如，如果你是一個有幽默感的人，你可以用一句幽默的話吸引別人的注意，比如「我是笑點很低的人，也許你會是那個逗我笑的男孩？」這樣的自我介紹不僅讓人覺得你很有趣，還能吸引同樣有幽默感的人與你交流。

此外，如果你有某些與眾不同的特點，也可以大膽地在自我介紹中展示出來。比如，你可以說：「我是一個愛狗如命的人，家裡有三隻可愛的狗狗陪我度過每個夜晚」，這樣不僅讓人了解你的愛好與日常，還能和那些同樣喜歡寵物的人產生共鳴。總之，自我介紹要能夠立即讓人感受到你的個性，而不是看起來似曾相識淹沒在千篇一律的描述中。

即便你的興趣愛好很大眾化，也可以從中找到屬於你自己的獨特之處，更有個性的呈現。如果你喜歡旅行，不妨將你的旅行經歷具體化，例如：「我喜歡在美國體驗多元文化，也熱衷於在韓國街頭尋找最好吃的辣炒年糕！」這樣的描述方式不僅讓人一眼看出你的興趣及經歷，也更了解你的生活方式和價值觀。同時，這種具體的描述還能激發別人對你的好奇心，甚至可能成為你們進一步交流的話題。例如，有人可能會因為你提到的某個國家或美食與你展開深入討論，這就為你們的互動開啟了一個有趣的切入點。

至於什麼樣的男生是「寶藏男」？這真的沒有標準答案，不過根據我的不負責觀察，及訪問過身邊一些不錯的優質男，我歸納出一個共通點：**如果對方真的想找穩定的對象，在自我介紹中的共同點通常是誠懇而真實，簡單不浮誇**。例如，他們可能會這樣描述自己：「我住在台北，喜歡旅行和戶外活動，愛聽爵士樂，希望找到一個能一起冒險的女生。」這些話雖然看似平凡，在交友軟體上也可能被人略過，但在這個充滿譁眾取寵和虛假包裝的世界，這些誠懇的描述反而更顯難得。而且這類簡單真實的自我介紹可能隱藏著未被發掘的寶藏。

不過，對方也有可能真的就是個平凡無聊的人，唯一找到解答的辦法就是鼓起勇氣去了解這個人。即便自我介紹看似無趣，只要對方真心誠意想要找到一個穩定的伴侶，這種真實和平凡反而成為他們最吸引人的特點。因此，不妨給彼此一個機會，看看他是否是那個值得你探索的寶藏男孩。

從線上交友到初次順利約會

當你從交友軟體發展到第一次見面時，這是一個重要的轉折點，你們的關係從線上轉移到線下，才是真正現實生活的開始！為了讓初次約會順利進行，有些關鍵細節，對於塑造第一印象非常重要，甚至可能影響你們日後的互動和未來發展。

首先，選擇一個適合的約會地點非常重要，一個輕鬆、舒適的公共場所，如咖啡廳、餐廳，會比較安全且讓雙方都能放鬆心情。避免過於喧鬧或安靜的場所，因為這可能會讓你們的交流受干擾或氣氛尷尬，其次，選擇一個可以控制時間的活動，確保如果雙方感覺不合適，約會也不會變得太拖沓。見面前，請先想好一些聊天的主題，以免初見面無話可聊，場面很乾，也能減少緊張感（請參考PART3的「約會聊天題庫」）。聊天時心情保持輕鬆，不要求好心切過於焦慮或躁進，才能在約會中表現得更加自然和自信。

見面時，良好的禮儀也是至關重要。第一印象往往來自於穿著和儀態，穿搭不僅僅是外表的展示，更是一種自我表達的方式，它能夠傳遞你的自信、個性和品味。你的穿搭要讓你感到自信和舒適，不要為了迎合對方而選擇不適合自己的風格，否則約會全程都會感到彆扭不自在，也無法展現出最真實和迷人的自己。

此外，準時到達約會地點也是基本禮貌，以示你對這次見面的重視和尊重。

安全問題也不容忽視，特別是第一次見面，選擇公共場所能夠減少潛在的危險。如果你不太放心，可以告訴朋友你們的約會行程和地點，並保持手機通暢以防萬一。信任感的建立需要時間，因此在初次見面時應避免透露過多個人資料，如住家地址或財務狀況等，這些可以等關係穩固發展再循序漸進分享。

見面交談的話題決定了你們的互動品質。我通常會選擇一些輕鬆有趣的話題打破僵局，例如：「你有來過這家餐廳嗎？」「我超級喜歡吃酪梨吐司」等等，如果氣氛熱絡，可能會自然帶到跟戀愛較相關的話題，例如：「你用交友軟體的經驗如何？」「你單身多久？」等等，這些話題既能讓你們彼此了解，也能找到共同點。如果你們在交友軟體上已經有過一些互動，則可以延續之前的話題，這樣會讓對話更加流暢和自然。另外，注意在對話中保持「有來有往」的互動，不要自顧自地滔滔不絕，傾聽對方的分享也同樣重要。適當的提問和回應能讓對話更加生動有趣，也能讓對方感受到你的關注和興趣。避免過於敏感或挑釁的問題，讓對方感到不舒服或有壓力。

當約會接近尾聲時，如何結束也是一門藝術。如果你對這次見面感覺良好，可以表達出你願意再見面的意願，比如說：「今天和你聊天很愉快，期待下次再見。」這樣不僅給對方一個明確的信號，也能讓對方感受到你的誠意。如果對方也有同樣的感覺，這無疑是一次成功的約會。如果你對這次見面沒什麼感覺，或不太確定是否還想繼續深入了解對方，可以選擇委婉地結束，例如跟對方說：「很高興認識你」，不做出後續見面的邀約或承諾，給自己保留進一步思考的空間。

在見面後，發一條簡短的訊息表示感謝，也能給對方留下好印象，並為未來的發展打下基礎。不管結果如何，保持尊重和禮貌是交友過程中非常重要的一環。

最後，提供一個簡單有趣的心理測驗，看看自己在交友軟體上屬於哪種人？

心理測驗：
你在交友軟體上是哪種人？

1	你會因為對方的哪一點最先滑右？
A	笑起來有親和力
B	簡介寫得有深度
C	照片背景細節透露出品味
D	顏值超高
2	收到對方的訊息後，你會怎麼回應？
A	很快就回，跟對方聊輕鬆有趣的話題
B	等一下，思考後再回
C	先觀察對方的措辭和用詞再決定回覆
D	秒回，對話充滿熱情
3	如果聊了一陣子，覺得對方有點無聊，你會怎麼做？
A	換個新話題試試
B	禮貌結束對話
C	看對方有沒有其他讓人感興趣的特質
D	快速結束對話，開始找下一位

4	面對交友軟體上的配對成功，你的心情是？
A	很期待，當作交新朋友的機會
B	冷靜評估，看看是否值得繼續聊
C	仔細檢查對方的資訊，確認是否符合期待
D	激動到想馬上見面
5	你最常在什麼時候滑交友軟體？
A	無聊時隨便滑滑
B	夜闌人靜時，讓自己專注在選擇上
C	喝咖啡或休息時，細心挑選
D	熱鬧的聚會後，想找人聊聊
6	如果和對方見面後感覺不對，你會怎麼做？
A	嘗試保持輕鬆的氣氛，結束後就不聯繫
B	找個理由禮貌離開
C	心裡默默記下對方的缺點，當作經驗教訓
D	馬上結束，不想浪費時間
7	對於交友軟體上的配對機制，你的態度是？
A	覺得是一種有趣的隨機匹配
B	認為數據分析很重要，應該更精準

C	把它當成篩選工具，結果全憑自己判斷
D	認為越多配對越好，機會更多
8	**如果對方喜歡的事情和你完全不一樣，你會怎麼看？**
A	很好奇，樂於了解新事物
B	覺得有點挑戰，但也可能是機會
C	仔細分析是否能夠找到共通點
D	覺得很麻煩，不想浪費時間
9	**當對方沒有即時回覆你的訊息時，你會怎麼想？**
A	可能忙吧，無所謂
B	冷靜等待，給對方時間
C	假設對方正在考慮下一步
D	開始覺得被冷落，有點不安
10	**你對於交友軟體的最終期待是什麼？**
A	認識不同背景的人，擴大社交圈
B	找到能深入交流的靈魂伴侶
C	發現一個完全符合自己標準的人
D	一段讓人怦然心動、熱烈而真實的愛情

測驗結果

A選項最多：你是「樂觀探索家」

你把交友軟體當作認識世界的新窗口，心態開放、隨性自然，並且樂於與不同個性的人交流。對你來說，滑交友軟體不僅是尋找愛情，更是一種探索的過程。你擅長用幽默和輕鬆的態度化解陌生感，讓人覺得和你聊天沒有壓力。雖然你對感情不會一開始就抱有太多期待，但正是這份從容，反而讓你更容易吸引那些同樣懂得享受生活的人。你的特質讓每一次的互動都充滿驚喜和可能性！

B選項最多：你是「深思熟慮者」

你對交友的態度慎重而真誠，不輕易開始對話，但一旦投入，就會用心去經營。你相信，愛情的基石是雙方價值觀的契合和彼此的尊重，因此每次滑右都是經過深思熟慮的選擇。你注重細節，會透過對方的字裡行間來判斷這段關係是否值得深入。這種穩重與專注的特質，讓你在交友過程中雖然進展緩慢，但每一段關係都比別人更加扎實、可靠。

C選項最多：你是「細節掌控者」

你非常注重與對方的匹配度，對交友軟體的每一次滑動都充滿儀式感。你相信愛情是一件需要謹慎挑選的事情，因此不會輕易浪費自己的時間與情感。對你而言，對方的照片、文字，甚至簡介的字數都能成為重要的判斷依據。這種細心讓你避免了很多潛在的錯誤配對，雖然過程可能較為挑剔，但也因此能吸引到那些同樣注重細節和品質的人，建立更穩定的連結。

D選項最多：你是「熱烈追愛者」

你對愛情的渴望如烈火般炙熱，期待每一個右滑都能帶來怦然心動的感覺。你相信，愛情應該是轟轟烈烈的，生活中的每一天都應該因為愛而閃閃發光。你的熱情和直接常常讓對方感到欣喜和被重視，但有時候也可能因為投入過多而容易感到失望。不過，這份全力以赴的精神讓你在人群中始終熠熠生輝，也讓你有更多機會遇到同樣渴望真愛、願意全心付出的人。對你來說，愛情就是人生中最浪漫的冒險！

Part. 6

戀情神助攻！
越相處越相愛

在我的約會及交往經驗中，主動和我提分手的前任曾回來找我，甚至沒有想認真談感情的渣男也曾回頭挽回，更不用說那些本來就欣賞我的男生不會走。前面幾章內容都是心態建立、如何挑選及避免踩雷的經驗分享，本章就來聊聊談戀愛如何越談越愛，讓對方捨不得離開你。

引導感情朝理想方向發展

寵物訓練師總會說：「沒有訓練不好的寵物，只有不會訓練的主人。」雖然這樣的說法略顯貶抑，但我真心覺得，引導男生就像訓練狗狗一樣，只要引導的方式對了，男生自然就會像可愛乖巧的寵物一樣黏在你身邊，唯一的不同是，你不需要也不應該對他下達指令。一個心智健全的成年男生絕對不喜歡被人當作三歲小孩一樣命令他該做什麼、怎麼做，但若能透過你的行為引導，讓他知道如何對你好，並得到正面回應，他便會心甘情願地主動做出取悅你的行為。畢竟，只要他真心愛你，就會希望讓你幸福。

很多女生與男生相處時，可能會不自覺地下命令指使對方達到自己的期望，然而這種方式往往適得其反。以下提供幾個讓雙方你情我願的引導方式，助攻你們的戀情發展。

用讚美和感激鼓勵積極行為

用讚美和感激引導的關鍵在於，如何透過行為引導，讓男生自發性地做出改變與努力。例如，如果你希望他更主動分擔家務，與其一再唸叨抱怨，不如當他主動做家事時真誠的讚美和感謝。舉個例子，當他主動幫忙洗碗時，你可以說：「親愛的，謝謝你幫我洗碗，我好幸福！」這樣的讚美會讓他感受到你的欣賞和尊重，不僅能增強他的自信，也讓他對你產生更多關懷的意願，因為他看見了自己行為的正面效果，進而更願意再次主動幫忙。來自伴侶的讚美不僅讓他感受到你的感激，還能讓他意識到，原來這樣的小舉動能夠讓你如此快樂。男生並不會因為多做幾件家事而感到不快，反而會因為被肯定而自豪，因而更積極主動協助你，兩人的感情也會更升溫和諧。相反的，如果用負面的方法發號施令，或是冷嘲熱諷地指責，例如：「我已經跟你說過很多次，喝完水要把杯子拿去水槽，你是沒有耳朵嗎？」這類的話，反而會讓人起反感甚至遠離你。

大方情感反饋，增強連結

如果你希望他更關心你的情感需求，與其明確要求每天多陪你聊天，不如在他表現關心時積極給予情感回應。例如，當他主動問你今天過得怎麼樣時，你可以用感激的語氣回答：「今天有點累，不過你的關心讓我感覺好多了，有你在真好。」這樣的回應不僅讓對方感受到他的關懷對你來說是有價值的，也能促使他願意更關心你。當他感覺到自己在你的生活中扮演重要角色時，就會更主動參與你的生活，並且感到幸福。

增加存在感讓他感覺被重視

引導對方積極參與兩人關係中的重要策略是最好的信任。如果你希望他能參與更多決策，不妨徵求他的意見，比如說：「我在考慮換一張新沙發，你覺得哪一款好？」這樣的詢問讓他感覺自己的意見被重視，同時也增強了他的參與感和責任感。當他覺得自己在家中的角色戲份重要且被採納時，會更願意主動參與表態，你們的關係也會更緊密。

有時候女生可能會因為男生太「直男」，總是聽不懂自己想表達的事情，或是認為與其等他做，不如自己先處理完比較快，最後自己滿肚子怨氣，但是就像訓練寵物一樣，你必須要有耐性讓他有犯錯的空間，試一次不成功，就繼續用不同的方式，把這招「馴服術」學好了，對每個男生都通用！

男生需要在關係中肯定自己的被需要和存在感，這也是他們願意付出的核心動力。如果你希望他更有參與感，與其每件事都獨自做決定，不如在某些場合主動徵求他的意見。最重要的是，引導男生時要**以柔克剛，不要變成他「媽媽」！**很多女性會不自覺地變成「唸叨型」的伴侶，經常對另一半重複指令或要求，但這往往會讓男生感到不耐煩、抗拒甚至產生衝突，不要嘗試透過下指令或不斷碎念來達成目的，男生一旦感覺你像他媽媽一樣不斷嘮叨指使他做事，遲早會厭倦。

甜言蜜語人人愛

千萬不要當那種口是心非、刀子嘴豆腐心的女生，明明內心愛得要死，但就是講不出好聽話最後吃虧內傷的還是自己，所謂的引導其實就是說話的藝術，多使用正面稱讚，少用負面批評，不論是男生或女生都適用。

如果男生做出你喜歡的行為，一定要立刻鼓勵他，尤其當對方做出平常不常做的事，更要表現出你的肯定，不要只是看在眼裡悶在心裡或是雞蛋裡挑骨頭，**真正愛你的人會把你的事看得比自己重要，為了取悅你也樂於多做讓你開心的事。**

以下簡單示範幾個日常情境中的「微甜」說話術：

情境1：你的男友不是生性浪漫的人，如果他終於做出一件浪漫的事，無論再小都好，你都要告訴他：「你今天好浪漫哦，好喜歡！」如果你喜歡撒嬌，大可再加碼一個愛的抱抱，千萬不要說：「原來你也會浪漫哦！」「你下次應該要再怎樣才對啊」，這種話不論是誰聽了都不會開心，下次也不想再對你好了。

情境2：你發現男友在工作之餘特地買了一束花送你，但這不是他平常會做的事，這時你可以說：「這束花真的好漂亮，謝謝你特地買給我，我好開心！」這樣他就能感受到你對他的認可和喜悅，進而更願意多做類似的事情討你歡心。

情境3：男友主動為你煮了一頓晚餐，雖然味道不見得完美，但你可以這樣說：「你為我煮的這頓晚餐讓我覺得特別溫暖，謝謝你！」如此一來他日後會更有信心嘗試為你做飯，廚藝也會因為多加磨練而更精進。

情境4：男友在你生日那天計畫了一場小型驚喜派對，這是他平常不會做的事，此時你可以說：「這次驚喜派對真的是我最棒的生日禮物，謝謝你為我做的這一切！」當下讓他感受到你的驚喜與感激，未來你的生日他也會更願意花心思準備。

一句「謝謝」讓關係升溫

在國外，男生幫女生開車門是一件非常稀鬆平常的事，但很少看到有女生幫男生開車門，我曾經在YouTube影片看到，有男生說曾遇到女生從車子裡面幫他開車門，讓他覺得很貼心，因為男生對女生並沒有這樣的期待。還記得我在英國有個不錯的約會對象，當我坐進副駕駛座以後，我從車裡幫男生開啟駕駛座的車門，對方對我說："Thank you sweetie!" 只是一句簡單的感謝，卻讓我心花怒放。

這種小小的舉動，其實傳達了非常多的情感和關心。日常生活中像這樣簡單的禮貌和貼心就能讓人倍感溫暖。以前我在星巴克工作時，如果有客人沒有跟我說謝謝，我內心就會偷偷浮現O.S.：「這個客人真沒禮貌！」相反的，如果客人主動說「謝謝，辛苦了」，我會感到非常被尊重和感激，這樣單純的互動就能瞬間改變或影響一整天的心情。

普遍的價值觀認為，男生是付出心力、做體力活的一方，識大體的男生也很清楚做這些事會讓女伴開心，但是，如果付出被當成理所當然甚至被挑剔，無論誰都會越做越沒動力。舉個例子，有個諮詢個案Cindy跟我說，她和男友在一起十年，因為已經太習慣彼此的存在，兩人的互動就像家人一樣，不再有任何甜蜜和火花，於是我和Cindy分享了這個「說謝謝」的技巧，請她接下來每當男友有任何微小的貼心舉動時，都要看著對方眼睛說聲謝謝，甚至給他一個擁抱。

一個月之後Cindy告訴我，以前男友主動幫她提重物，她並不會特別表現出感激，只是理所當然默默接受。開始積極表達感謝後，男友告訴她，這樣做讓他感覺自己的付出是有意義的。明明只是一個小小的動作，讓兩人的感情又重回熱戀期的甜蜜。

無論是一句謝謝、一個親吻或擁抱，這些細微的互動，其實都在為兩人的關係注入更多愛的滋潤和關懷。就像心理學中的互惠原則（Reciprocity Principle）：人們往往會對那些對自己好的人回報善意。當我們表達感謝回應對方的善意時，也是不斷強化彼此的正向互動，讓關係變得更加穩固和幸福。感情中的付出和反饋是一個雙向的交流。無論是男生還是女生，都需要在這種互動中找到平衡，學會感激和回報對方的善意，才能保持愛情的溫度。

用心了解，深得他心

在約會或交往過程中，我總是有意識得去了解眼前的這個人喜歡什麼？為什麼喜歡？不喜歡什麼？為什麼不喜歡？人們排斥的事情，常常都跟過往經驗息息相關，了解之後才能認識更真實的對方。了解一個人就像一場探索之旅。比如，有一次我發現某任約會對象對某種音樂風格特別著迷，當我問他為什麼這麼喜歡這種音樂時，他告訴我，這種音樂讓他回想起童年時光，因為小時候家庭關係並不和睦，他都是聽這些音樂長大的。於是，我更珍惜和他一起聆聽這種音樂的時刻，並且在他生日或特殊場合送他一些相關的音樂專輯，讓他感受到我的支持和理解。

如果是他喜歡的事情，我也會給予滿滿的支持（當然是在不違反善良風俗的前提下），對於他不喜歡或是曾有不好經驗的事物，我也會表示感同身受，當你越清楚對方的一切時，多去放大他擅長的行為，對於他不擅長的事情，可以透過溝通或互補，相處起來就會越來越舒服。例如：一位與我預約感情諮詢的Sandy提到，男友不太擅長做飯，但他對烘焙有濃厚的興趣，於是他們達成共識，Sandy負責做飯，男友負責做甜點，如此一來，他們在廚房裡的時間不僅變得有趣，還能互相切磋學習和共同成長。

退一步關係更進步

以前我在談戀愛時，對於會在一起很久的伴侶，總是抱持對方「應該」會知道我在想什麼的執念，後來我發現，「他真的不知道」！事實上，他並沒有不愛我，也不是故意惹我生氣，但是他真的常常不知道我在氣什麼，甚至很多時候我也不知道自己到底在氣什麼，於是我開始不再對另一半有不實際的期待，隨著年紀增長，對自己了解更深，也更懂得如何討好自己，讓自己開心，我的擇偶標準也因此漸漸提高，因為我不需要另外一個人來成就我的快樂，我自己一個人也可以很快樂，看到這裡你心裡可能會O.S.：那為什麼還需要另一半？正確的說法應該是，當你不再對小事動心，擇偶標準自然提高，同時也表示，能夠讓你動心的另外一半，肯定是付出了平時你自己也達不到的狀態，才能成就這段一加一大於二的感情。

每個人都有自己理想中的愛情模樣，世界上沒有白馬王子也沒有完美的愛情，只有兩個願意為對方妥協的愛人，當雙方不開心或是爭執時，一定要有一方態度先軟化事情才過得去，如果當下放不下身段，也可以給彼此空間冷靜後再回來討論。愛情裡沒有勝負輸贏，只要彼此達成共識願意繼續走下去，兩人都是贏家。

最後我想和你說，不論你是母胎單身、戀愛小白、空窗許久、天生戀愛腦、為情所苦、為愛受傷，或是戀愛卡關中，都很正常，再相愛的兩人，都可能有意無意傷害到對方，情傷只是必經過程而已。以前我可能因為只要約會對象沒有發展成正式的情侶關係，就會感覺很鬱悶，甚至認為自己「失敗」了，後來想想，世界上男生何其多，尤其如果是自身條件很不錯的女生，遇到不適合的人根本才是「常態」，我也始終相信，我的Mr.Right肯定也在等待我的出現，只不過我們在遇見彼此前都仍各自努力著。

這本書不是要告訴你「一定」要怎麼談戀愛才能修成正果，而是藉由我的親身經驗分享，陪伴你在各自的人生旅程中，更理性、明智的選擇對象、對待愛侶及看待愛情，並且降低你受傷的程度或機率。愛情有千百種樣貌，祝福大家都可以把愛

情談成自己喜歡的樣子，從容談一場成熟的戀愛，如果你找到那個值得愛的人時，不要忘記來跟我分享你的喜悅哦！（笑）

後記

「談」情「說」愛的旅程，祝你幸福！

寫到最後，我想謝謝所有傷害過我的人，讓我的人生充滿各種刻骨銘心的體驗，年輕時的我絕對不可能想像三十歲的我，有機會將自己的人生經歷用不同的視角分享出來，並且讓許多人獲益良多。

也謝謝所有一直在我身邊給予愛的家人、朋友與粉絲，沒有你們，我不可能活得如此自信自在。特別感謝我最敬愛的媽媽，我常常在想，如果我的女兒像我一樣，我肯定會非常頭痛又非常擔心，雖然我媽媽是生在傳統年代，但是她的人生完全無法用傳統來形容，謝謝她讓我看見女性的堅韌、無條件的奉獻與不求回報的愛，親愛的媽媽，謝謝你用愛給我自由，讓我為自己的生命創造無限可能。

這是一本讓現代人容易理解，同時又能馬上實踐的書，內容包含了我接觸過所有的文化觀察、心理學、兩性關係、心靈成長、高情商說話藝術等等議題所得出的愛情結論，因為下筆太難，好幾次都很想放棄寫書，但又想到可以幫助很多為情所苦的讀者們，還是提起筆，捨去許多生硬的專有名詞，用最直白的文字分享我的自身經驗，不只分析常見的現代愛情課題，也探討許多愛情提問，希望提供讀者一些關於愛情的靈感、啟示或解方。

我除了和台灣男生交往，也曾經和超過十個國家的男生約會戀愛，其中遇過值得尊敬的男生，也遇過不值得信任的渣男，甚至還有被拒絕後開始發表仇女言論的人。我也看過使用自己的先天優勢來利用男生的女生，從多元豐富的生活經驗中，看過許多人性黑暗面在感情中顯露無遺。為了幫助更多女生避免我曾經的遭遇，我從東方和西方社會的價值觀中歸納出各自的戀愛觀點，再統整出我認為適合現代人的戀愛模式。這個轉變並不容易，我與大部分讀者一樣在傳統的東方教育下成長，在台灣長大的我，很少遇到像自己一樣個性鮮明或是善於表達的人，因為東方文化的壓抑，導致很多人根本不知道自己真實的樣子。但是個性有點傲嬌的我，並沒有因為環境壓抑而放棄自己的主觀想法，反而是長大後到西方國家旅行或是認識西方人時，原本在台灣被認為太直接的個性，在西方人眼中卻總是受到讚賞。

我從西方文化中學到，直率大方的表達愛及接受愛是多麼美好，我從身邊的朋友及數千名網友投稿中也發現，在東方社會長大的我們，特別容易壓抑自己，甚至不太了解自己，我曾經也是不懂得好好表達愛和情緒的人，現在的我非常享受這種「談」情「說」愛的過程。

最後要謝謝我自己，謝謝我總是身體力行與這個世界不斷碰撞，有時候我覺得自己好像真的好傻好天真，竟然在看過這麼多人性黑暗面後還是相信愛情，但是也為成年後依然能保持這股傻勁的自己感到驕傲又好笑，很慶幸自己遇到各種驚悚的人生故事後，還是一次又一次的勇敢站起來，並且對世界依舊抱持著希望，因為這個世界的美好與黑暗，讓我的人生充滿數不盡的故事可以分享。

謝謝您閱讀本書！為了更了解您的想法並提升未來作品的品質，歡迎掃描QR-Code在問卷中提供閱讀心得與建議，您的寶貴意見有助於作者對於未來創作的優化，且幫助更多人從中受益，您的回饋是我們持續進步的動力！

Eurasian Publishing Group
圓神出版事業機構
用心與你對話・視野無限寬廣
圓神出版社
Eurasian Press

www.booklife.com.tw
reader@mail.eurasian.com.tw

天際系列 025

找回愛與不愛的底氣

國民閨密Megan教你打造吸引寶藏男體質，渣男慢走不送！

作　　者／Megan（以暄）
發 行 人／簡志忠
出 版 者／圓神出版社有限公司
地　　址／臺北市南京東路四段50號6樓之1
電　　話／（02）2579-6600・2579-8800・2570-3939
傳　　真／（02）2579-0338・2577-3220・2570-3636
副 社 長／陳秋月
主　　編／賴真真
專案企畫／尉遲佩文
責任編輯／尉遲佩文
校　　對／賴真真・尉遲佩文
美術編輯／林雅錚
行銷企畫／陳禹伶・黃惟儂
印務統籌／劉鳳剛・高榮祥
監　　印／高榮祥
排　　版／莊寶鈴
經 銷 商／叩應股份有限公司
郵撥帳號／18707239
法律顧問／圓神出版事業機構法律顧問　蕭雄淋律師
印　　刷／祥峰印刷廠
2025年2月　初版

定價 340 元
ISBN 978-986-133-958-0

愛不是討來的，而是因爲你的存在本身就值得被愛，學會愛自己，才會遇見懂得珍惜你的人。不要害怕改變，因爲每一次的成長都是走向幸福的開始，眞正愛你的人，不需要你討好、不需要你掏空自己。

——《找回愛與不愛的底氣》

國家圖書館出版品預行編目資料

找回愛與不愛的底氣：國民閨密Megan教你打造吸引寶藏男體質，渣男慢走不送! / Megan（以暄）著
-- 初版. -- 臺北市：圓神出版社有限公司, 2025.02

176面；14.8×20.8公分 --（天際系列；25）

ISBN 978-986-133-958-0（平裝）
1.CST：戀愛 2.CST：兩性關係 3.CST：戀愛心理學
544.7　　113018896